feng shui FOOD

Simon Brown

feng shui FOOD

Steven Saunders

Mit Yin & Yang zu
Wohlbefinden und Genuss
100 Rezepte und
Dekorationsideen

CHRISTIAN VERLAG

Aus dem Englischen übersetzt von Karin Elke Schulz für
AMS Autoren- und Medienservice, Reute
Koordination und Bearbeitung: AMS/Annette Scharnagl
Satz: AMS/Rudolf Kempf

www.christian-verlag.de

Die Originalausgabe mit dem Titel *feng shui Food*
wurde erstmals 1999 im Verlag Thorsons,
einem Imprint von HarperCollins Publishers, London, veröffentlicht.

Die Originalausgabe wurde entwickelt und produziert von Carroll & Brown Limited, London.

Design: Sandra Brooke & Gilda Pacitti
Illustrationen: Sandra Brooke
Fotos: David Murray & Jules Selmes

Druck und Bindung: Tien Wah Press (Pte.) Ltd.
Printed in Singapore

ISBN 3-88472-497-5

HINWEIS

Alle Informationen und Hinweise, die in diesem Buch enthalten sind, wurden von den Autoren nach bestem Wissen erarbeitet und von ihnen und dem Verlag mit größtmöglicher Sorgfalt überprüft. Unter Berücksichtigung des Produkthaftungsrechts müssen wir allerdings darauf hinweisen, dass inhaltliche Fehler oder Auslassungen nicht völlig auszuschließen sind. Für etwaige fehlerhafte Angaben können Autoren, Verlag und Verlagsmitarbeiter keinerlei Verpflichtung und Haftung übernehmen.

Korrekturhinweise sind jederzeit willkommen und werden gerne berücksichtigt.

Inhalt

1 GRUNDLAGEN 6

Die Energie Chi 8
Yin und Yang 10
Die Grundregeln der fünf Elemente 16
Anwendung der acht Richtungen 20
Die Küche 22
Feng-Shui-Ernährung 26

2 YIN- UND YANG-REZEPTE 28

Suppen und Entrees 30
Hauptgerichte 42
Beilagen 52
Desserts 58

3 MIT MENÜS ZUM ERFOLG 65

Der Essbereich 66
Festliche Anlässe 68
Romantik 74
Entspannung 80
Kreativität 86
Familienharmonie 92
Leidenschaft 98
Für Kinder 104
Begeisterung 110
Versöhnung 116

4 BESONDERE GELEGENHEITEN 123

Kindergeburtstag 124
Picknick 126
Einweihungsparty 128
Grillfest 130
Silvesterparty 132
Hochzeitsfeier 134
Weihnachten 136

5 AUSWÄRTS ESSEN 139

Das richtige Restaurant 140
Menüwahl 146

Anhang 148
Register 156
Verzeichnis der Rezepte 159
Danksagung 160

In diesem Buch finden Sie Rezepte für fantasievolle Gerichte mit positivem Einfluss auf Ihr Leben. Durch die Anwendung der Feng-Shui-Lehre bei der Vor- und Zubereitung des Essens sowie beim Servieren fördern Sie Ihre Gesundheit, steigern Sie Ihre Energie, stärken Sie Beziehungen und die Harmonie in der Familie – und Sie genießen das Essen mehr. Im ersten Kapitel werden die Grundregeln des Feng Shui erläutert, und Sie erfahren, wie Zutaten und Zubereitungsarten sowie Anordnung und Dekor von Küche und Esszimmer Gefühle und Wohlbefinden beeinflussen. Abschließend lesen Sie, wie Sie die perfekte Mahlzeit zusammenstellen und Ihren Essbereich gestalten, damit Sie sich gesund und glücklich fühlen.

1 Grundlagen

Feng Shui und die Energie Chi

In der asiatischen Tradition ist Chi die kosmische Energie, die alles durchfließt, die Sonne und ihre Planeten, die Luft, alle Gegenstände, Tiere, Pflanzen und jeden Menschen. Zwar bemerkt der Mensch diese Kraft nicht wie andere Naturmächte, kann sie aber wie mit einem sechsten Sinn erspüren.

Die alte Lehre von Feng Shui basiert auf der Theorie, dass das Chi alles durchdringt und allen Aspekten des Lebens innewohnt, ihnen Gestalt und Kraft verleiht. Wenn diese Energie einen Körper durchströmt, nimmt sie dessen Chi auf – in Form von Gedanken, Ideen und Gefühlen – und umgekehrt. Das Chi wird von allem beeinflusst und beeinflusst wiederum alles, womit es in Kontakt kommt. So entsteht ein ständiger Bewegungsfluss.

Alles, was den Menschen umgibt, übt Einfluss auf ihn und sein Chi aus, auch das Wetter, die Landschaft, das Haus, in dem er wohnt, seinen Arbeitsplatz, die Menschen, mit denen er Zeit verbringt, und die Nahrung, die er zu sich nimmt. Feng Shui will dieses Chi des Menschen erhalten und die Kraft im Alltag stärken. Feng Shui unterstützt außerdem die Entspannung, indem es das Chi verlangsamt. Ein Umfeld und Nahrung mit beruhigendem Chi tragen ebenso dazu bei, das persönliche Chi zu beeinflussen.

CHI IN NAHRUNGSMITTELN

Jede Art von Nahrung enthält ihr eigenes Chi, das von ihrer Form, Farbe, Beschaffenheit sowie von Klima, Boden und Anbau bestimmt wird. Ein Wurzelgemüse wie die Karotte, das sich durch harten Boden schiebt, hat ein kraftvolleres Chi als ein Gemüse, das oberirdisch wächst wie der Kürbis. Dieses Prinzip lässt sich auf Fisch und Fleisch übertragen. Lebhafte Fische wie Lachs und Forelle haben ein dynamischeres Chi, ruhigere Fische und Meeresfrüchte hingegen ein sanfteres. Zur Entspannung sind daher Tintenfisch, Austern und Miesmuscheln empfehlenswert. Ähnlich verhält es sich mit Fleisch. Dabei ist es hilfreich, auf das Wesen des Tieres zu achten. Das Huhn hat ein nervöses, unruhiges Chi, die Kuh ein sanfteres. Theoretisch nimmt man beim Essen das Wesen der jeweiligen Nahrungsmittel auf.

Die Nahrungsmittel mit dem größten Anteil an Chi tragen noch Leben in sich. Dazu gehören Gemüse, Früchte, Vollkorn, Bohnen und Samen, die unter bestimmten Voraussetzungen nach der Ernte weiter wachsen können. Stark konservierte Produkte nehmen hingegen das Chi ihrer Verarbeitungsstätte auf. Sie enthalten somit weniger natürliches Chi. Einige Nahrungsmittel wie Fleisch und

Flussaufwärts schwimmender Wildlachs hat ein kraftvolles Chi. Zur Steigerung der Energie empfiehlt sich der Verzehr von Wildlachs.

Fisch tragen die negative Energie ihres Fangs und der Tötung in sich. Wie die konservierten Lebensmittel gehören sie zu den „toten" Nahrungsmitteln.

Folglich empfiehlt es sich, kein Fleisch zu essen, wenn man das negative Chi von Tieren nicht in sich aufnehmen will. Aus diesem Grund sollten auch Milchprodukte höchstens in kleinen Mengen verzehrt werden.

Je natürlicher der Ursprung von Lebensmitteln, desto wertvoller das darin enthaltene Chi. Bio-Bauern verzichten weitgehend auf künstliche Pestizide und Dünger, Batteriezucht und Hormonbeigaben und verringern so das Gesundheitsrisiko. Bio-Produkte fördern die Gesundheit und setzen positives Chi frei. Fleisch und Milcherzeugnisse sollten von Tieren aus artgerechter, biologischer Haltung stammen.

Außer vier Rezepten in Kapitel 2, die Fleisch enthalten, stellt dieses Buch nur vegetarische Rezepte oder Gerichte mit Meeresfrüchten und Fisch vor. Milchprodukte und Eier sind weniger gesund und kommen kaum vor. Gegebenenfalls wird ein Ersatz für Milchprodukte genannt.

Die Herkunft unserer Nahrung entscheidet über die darin enthaltene Menge der Chi-Energie.

Lokale Produkte bleiben länger frisch und enthalten nicht so viel negatives Chi wie bei langem oder nicht artgerechtem Transport. Produkte aus fernen Ländern bieten anderes Chi und sind daher nicht immer geeignet. Beispielsweise enthalten Orangen aus Afrika erfrischendes, kühlendes Chi, das einem warmen Klima angemessen ist. Für Nordeuropäer ist es deshalb nicht unbedingt geeignet; ein wärmendes Wurzelgemüse aus lokalem Anbau kann dort besser sein.

DAS CHI UM UNS HERUM

Jedes Gebäude hat sein eigenes Chi, das die Energie von Menschen, Gegenständen und Aktivitäten dort beeinflusst. Das durch ein Gebäude strömende Chi verändert sich je nach Form, Farbe und Struktur des Gebäudes. Die Lage der Zimmer und Türen bestimmt den Fluss der Energie und wie diese aus einem Gebäude heraus- und hindurchfließt. Bei langen Korridoren, vielen Türen und Treppen bewegt sich die Energie zu schnell, und das Gebäude strahlt wenig Ruhe aus. Mangel an natürlichem Licht, Unordnung und zu viele gepolsterte Flächen können zum langsameren Fluss oder zur Stagnation der Energie führen.

Das Chi im eigenen Heim beeinflusst das Chi von Küche und Esszimmer und wirkt sich auf die Mahlzeiten und Atmosphäre aus. Auf den Seiten 22–25 finden sich Ratschläge zur Optimierung des Chi in der Küche. In Kapitel 3 wird erklärt, wie positives Chi erhalten und damit eine romantische Stimmung oder die Harmonie in der Familie gefördert werden. Abschließend finden sich in Kapitel 5 Tipps zur richtigen Wahl eines der Stimmung angemessenen Restaurants.

Feng Shui und Yin und Yang

Es gibt zwei Arten der Energie Chi in uns und jedem Wesen: Yin und Yang. Yin bezeichnet die passive Energie, die das Nachdenken, die Entspannung und die Kreativität fördert. Yang ist die aktive Energie, die Bewegung, Fortschritt und Aktivität fördert. Yin und Yang sind voneinander abhängig; sie ergänzen einander und sind gleich wichtig. Jeder Mensch hat einen unterschiedlichen Grad an Yin und Yang, und dieses Verhältnis von Yin und Yang beeinflusst den Charakter und das Verhalten des Einzelnen. Der jeweilige Anteil an Yin und Yang verändert sich jedoch im Laufe der Zeit durch die äußeren Einflüsse von Chi.

Nach der östlichen Tradition soll das Verhältnis von Yin und Yang möglichst ausgewogen sein. Feng Shui strebt dieses Gleichgewicht durch die entsprechende Gestaltung der unmittelbaren Umgebung und des weiteren Umfeldes sowie der Ernährung an.

DIE GRUNDREGELN

In der asiatischen Tradition gelten für die Kräfte Yin und Yang eine Reihe von Gesetzmäßigkeiten, im Wesentlichen jedoch drei Grundprinzipien: Erstens ist alles im Verhältnis zu anderen Dingen entweder mehr Yin oder mehr Yang. So ist eine Kartoffel mehr Yin als Lachs, dennoch weniger Yin als ein Apfel. Auch ist nichts nur Yin oder nur Yang. In allem ist Yin- und Yang-Energie, auch wenn nur in geringen Mengen. Das Verhältnis von Yin und Yang ist kein reiner Schwarzweißkontrast, sondern vergleichbar mit verschiedenen Grautönen.

Zweitens sucht jeder Mensch sein Gleichgewicht. Wer beispielsweise mehr Yin ist, wird automatisch und eventuell unbewusst versuchen, das Yin durch Yang-Einflüsse auszugleichen. So ziehen sich Yin und Yang gewissermaßen an.

Und schließlich verändert sich das Verhältnis von Yin und Yang in allem ständig. Alles steht miteinander in Verbindung und wird stets von der Umgebung beeinflusst und verändert.

Das Symbol von Yin und Yang verdeutlicht die Beziehung zwischen beiden Kräften. Die ineinander greifenden Formen bilden einen Kreis. Das Auge besteht jeweils aus der Farbe der anderen Hälfte und symbolisiert den jeder Kraft innewohnenden gegensätzlichen Kern.

YIN- UND YANG-ENTSPRECHUNGEN

Jeder trägt Yin- und Yang-Elemente in sich, wobei meist das Yin oder Yang überwiegt. Unausgewogenheit kann ein vorübergehendes Phänomen sein, wie etwa eine Phase der Entspannung infolge von zu viel Yin, oder ein problematischer Dauerzustand. Die Liste auf der gegenüberliegenden Seite kann dabei helfen, Unausgewogenheit auf die Spur zu kommen. Je nachdem, ob es sich um eine kurzfristige Erscheinung oder

Es gilt, die beste Kombination von Yin und Yang zur positiven Steigerung der Energie Chi ausfindig zu machen.

einen länger anhaltenden Zustand handelt, umso schwerer wird es sein, das Ungleichgewicht zu bekämpfen.

Ob man sich mehr Yin oder Yang fühlt, hängt auch von der jeweiligen Stimmung und der Reaktion auf bestimmte Situationen ab. Zu viel Yin bzw. Yang kann zu unangemessenem und übermäßigem Gefühlsausdruck führen. Wer schon am Morgen deprimiert ist, spürt vielleicht die Folgen von zu viel Yin-Energie. Wer hingegen leicht die Beherrschung verliert, hat vielleicht überschießende Yang-Energie. Die Regulierung beider Kräfte bewirkt emotionale Ausgeglichenheit und die Fähigkeit, mit schwierigen Situationen fertig zu werden.

Bei einem gesunden Maß an Yang stellt sich die Zuversicht, Gelassenheit und Begeisterung ein, Aufgaben und Neues anzupacken. Bei zu viel Yang besteht ein Hang zu Aggressivität, Ungeduld, Intoleranz, Herrschsucht und Frustration. Dauert dieser Zustand an, kann zu viel Yang zu Gesundheitsproblemen führen, zum Beispiel Gliederschmerzen, Verdauungsstörungen, Kopfschmerzen oder Schlafstörungen. Ausgleichende Yin-Energie in der Ernährung und im Umfeld wirken dem entgegen.

Tendieren Sie zu **Yin** oder zu **Yang**?

Wählen Sie aus der Liste unten in jeder Spalte ein oder zwei Wörter, die am besten zu Ihnen und Ihrem Lebensstil passen. So finden Sie heraus, ob Sie mehr im Yin- oder Yang-Bereich liegen. Vergleichen Sie Ihre Ergebnisse mit anderen. Wer zum Beispiel Dinge begeistert angeht, liegt eher im Yang-Bereich. Die meisten Menschen sind ausgewogen: auf manchen Gebieten mehr Yin, auf anderen Yang. Wenn Sie stark Yin oder Yang sind, haben Sie möglicherweise unnötige Schwierigkeiten. Gehen Sie diese durch die Veränderung Ihrer Essgewohnheiten und Ihres Umfeldes mit diesem Buch erfolgreich an!

POSITIVE EMPFINDUNGEN	NEGATIVE EMPFINDUNGEN	GEISTGE QUALITÄTEN	FÄHIGKEITEN UND INTERESSEN
ehrgeizig	wütend	schnell denkend	Lösung von Problemen
enthusiastisch	frustriert	detailliert	Zahlen und Tabellen
zuversichtlich	konkurrierend	genau	Kochen im Alltag
gelassen	reizbar	logisch	Kreatives Kochen
entspannt	besorgt	strukturiert	Geselligkeit
friedlich	weinerlich	kreativ	Schreiben
sanft	unsicher	tolerant	Malen und Zeichnen
sensibel	deprimiert	fantasievoll	Philosophieren

YANG ↔ YIN

Yin und Yang in der Ernährung

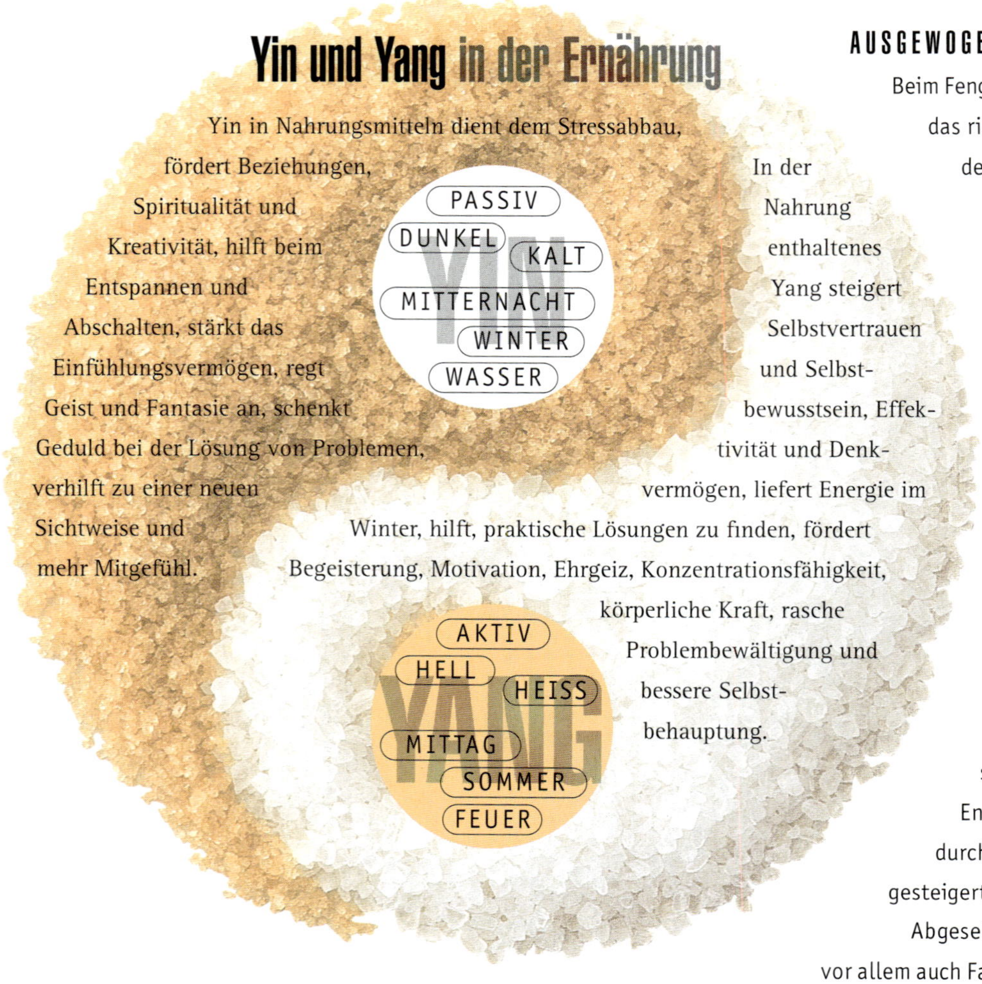

Yin in Nahrungsmitteln dient dem Stressabbau, fördert Beziehungen, Spiritualität und Kreativität, hilft beim Entspannen und Abschalten, stärkt das Einfühlungsvermögen, regt Geist und Fantasie an, schenkt Geduld bei der Lösung von Problemen, verhilft zu einer neuen Sichtweise und mehr Mitgefühl.

In der Nahrung enthaltenes Yang steigert Selbstvertrauen und Selbstbewusstsein, Effektivität und Denkvermögen, liefert Energie im Winter, hilft, praktische Lösungen zu finden, fördert Begeisterung, Motivation, Ehrgeiz, Konzentrationsfähigkeit, körperliche Kraft, rasche Problembewältigung und bessere Selbstbehauptung.

Ein ausgewogenes Yin bewirkt innere Ruhe und Entspannung, Zufriedenheit, Aufgeschlossenheit gegenüber neuen Ideen und Vorstellungen, Gelassenheit im Umgang mit anderen, Einklang mit der Natur und die Fähigkeit, mit der Zeit Schritt zu halten. Zu viel Yin hingegen kann zu Deprimiertheit, Pessimismus, Entmutigung, Lustlosigkeit, dem Empfinden von Hoffnungslosigkeit und Traurigkeit führen. Im Extremfall kann sogar ein Gefühl von Unfähigkeit, Mutlosigkeit, Motivationslosigkeit und die Überzeugung, dass das Leben sinnlos sei, die Folge sein. Bei zu viel Yin über eine längere Periode hinweg können körperliche Symptome auftreten, wie etwa Frieren, stärkere Infektionsanfälligkeit, Kreislaufbeschwerden, Wasseransammlung, Energieverlust, morgendliche Anlaufschwierigkeiten, Trägheit, Kopfschmerzen im Bereich der Schläfen sowie Durchfall. Diese Beschwerden können durch die Anpassung der Yin-Energie in der Ernährung und im Umfeld behoben werden.

AUSGEWOGENHEIT DURCH RICHTIGE ERNÄHRUNG

Beim Feng Shui und in der fernöstlichen Medizin kommt es auf das richtige Verhältnis von Yin und Yang zur Steigerung der Gesundheit und Leistung an. Dabei gilt es, Unausgewogenheit im Verhalten, im körperlichen Befinden und im Gefühlsleben festzustellen, um durch entsprechende Ernährung und Gestaltung des Umfelds das Yin-Yang-Gleichgewicht zu beeinflussen.

Jedes Nahrungsmittel hat eine gewisse Tendenz zu Yin oder zu Yang. Durch gezielte Auswahl kann das Yin bzw. Yang gestärkt werden. Gegenüber wird erklärt, welche Nahrungsmittel Yin und welche Yang sind. Mit Hilfe dieser Informationen kann man Unausgewogenheit im Yin- bzw. Yang-Bereich selbst bekämpfen und dadurch eine Balance herstellen. So wird etwa bei mangelndem Durchsetzungsvermögen durch Meeresfrüchte die Yang-Energie gestärkt. Die Yang-Energie wird aber ebenso durch die Vermeidung von Produkten mit viel Yin gesteigert, wie etwa Softdrinks, süßen Speisen und Zucker. Abgesehen von der Art der Nahrungsmittel beeinflussen vor allem auch Farbe, Form und Zubereitungsweise das Chi bzw. das Yin-Yang-Verhältnis von allem, was wir essen.

Die Nahrungszubereitung wirkt sich auf das Chi besonders deshalb aus, weil sich dabei Feuchtigkeitsgehalt, Beschaffenheit, Form sowie Farbe und Geschmack des Essens verändern. Durch Kleinschneiden wird die Form verändert und mehr Yin zugefügt. Der Yin-Effekt wird durch Flüssigmachen verstärkt. Die Farbe des Essens hat ebenfalls Einfluss auf das Chi. Wie Farben die Nahrung beeinflussen, ist auf Seite 14 erklärt. Je mehr Yang eine Farbe hat, desto weiter oben steht sie; je mehr Yin sie hat, desto weiter unten. Gelb ist recht ausgewogen.

Die Informationen auf Seite 14 dienen als Richtlinien für die Zubereitung des Essens. Allgemein gilt, je länger etwas gekocht wird, desto mehr Yang enthält es.

Gewürze und Geschmacksverstärker können das Yin bzw. Yang zusätzlich betonen. Durch die Zugabe von Reissirup erhält gedünsteter Apfel mehr Yin, durch Salz mehr Yang. Die Verwendung von

Yang

Meersalz
Fleisch
Eier
Huhn
Fisch
Meeresfrüchte
Hartkäse
Brot
Reis
Nudeln

Bohnen
Wurzelgemüse
Weichkäse
Butter
Milch
Joghurt
Grünblättriges Gemüse
Tofu
Nüsse und Samen
Obst
Zucker
Flüssigkeiten

Yin

Die Liste links zeigt die Abstufung von Lebensmitteln vom höchsten Yang-Gehalt oben bis zum höchsten Yin-Gehalt unten.

Yin- und Yang-Nahrungsmittel

Ob Nahrungsmittel Yin oder Yang sind, hängt vor allem von ihrer Art ab: So ist Lachs Yang, ein Apfel Yin. Allgemein gilt, dass Zutaten mit viel Yang Wärme erzeugen und oft eiweiß- und fettreich sind, wie etwa Fleisch, Fisch und Eier. Zutaten mit viel Yin haben dagegen eher kühlende Wirkung und enthalten mehr Flüssigkeit und Süße, wie zum Beispiel schwarze Johannisbeeren, Joghurt und Orangensaft.

Meist ist es sinnvoll, Zutaten mit positivem Yin und Yang für eine ausgewogene Mahlzeit zu mischen. Zur Wiederherstellung des Energiegleichgewichts wird eine Mahlzeit gewählt, die entweder mehr Yin oder mehr Yang ist. So wird die Yin-Energie durch ein Yin-Gericht, wie etwa die Gemüsesuppe (S. 32) gesteigert, die Yang-Energie durch ein Gericht mit mehr Yang wie pochiertem Lachs (S. 43).

Alles folgt einem Muster: von Yang oben zu Yin unten.

ZUBEREITUNG

Backen
Dampfdruckgaren
Dünsten und Schmoren
In Wasser kochen
Frittieren
Rösten
Braten
Dämpfen
Blanchieren
Roh verwenden

GESCHMACKSVERSTÄRKER

Meersalz
Shoyu
Ingwer
Knoblauch
Naturessig – Apfel- oder Reisessig
Obstsäfte
Gerstenmalz oder Reissirup
Wein, Bier oder Sake
Zucker oder Honig

FARBEN

Rot
Orange
Gelb
Hellgrün
Hellblau

MATERIALIEN

Naturstein
Glasierte Fliesen
Unglasierte Fliesen
Metall
Hartholz
Weichholz
Stoffe

Wein erhöht den Yin-Gehalt, während Shoyusauce einem Gericht mehr Yang verleiht. Die Rezepte in Kapitel 2 sind für die Zubereitung eigener Yin- und Yang-Gerichte konzipiert worden. Die Art der Lebensmittel, Zubereitung, Geschmacksverstärker und Kochmethode sind jeweils genau bedacht. Es stehen stets zwei ähnliche Hauptzutaten zur Auswahl, wie etwa Krabben oder Thunfisch. Das eine Gericht ist mehr Yin, das andere mehr Yang. Das Gericht mit mehr Yin, wie etwa das fantasievolle Krabbengericht, steht links, das mit mehr Yang, die Thunfischfrikadellen, rechts (S. 38–39). Die Gerichte sind jedoch nur im Vergleich miteinander Yin oder eher Yang.

Ein luftiger Raum kann durch Möbel mit hellem und kühlendem Yin entspannend wirken.

DIE WOHNATMOSPHÄRE

Das Yin und das Yang der unmittelbaren Umgebung, in der das Essen zubereitet und eingenommen wird, haben großen Einfluss auf die persönliche Energie. Mit Feng Shui wird das persönliche Chi optimiert und durch die richtige Kombination von Möbeln, Farben und Objekten ein Gleichgewicht von Yin und Yang erreicht. Yin und Yang sollten – außer für bestimmte, angestrebte Effekte – stets ausgewogen sein.

FARBEN Farben üben einen starken Einfluss auf das äußere Energiefeld und somit meist auch direkt auf die Gefühle aus. Sowohl die Farben des Raums wie auch der Einrichtung einschließlich Bilder, Blu-

FORMEN

Rund
Quadratisch
Gleichmäßig proportioniert
Rechteckig
Oval
Dünn und wellenförmig

ANORDNUNG DER MÖBEL

Sparsam
Geradlinig
Kreis- oder halbkreisförmig
Unregelmäßig
Überfüllt

BELEUCHTUNG

Starkes, helles Licht
Halogenleuchten
Kronleuchter
Strahler
Lampenlicht
Kerzen

KLÄNGE

Laute Rhythmen
Sanfte Musik
Fließendes Wasser
Stille

men und Kunstobjekte sind bedeutsam, genauso wie die Farben von Zutaten und Tischdekoration, des Geschirrs oder der Tischdecke.

FORMEN Die Form von Gegenständen lenkt den Energiefluss innerhalb eines Raumes. Dies gilt sowohl für größere Möbelstücke wie Tische und Stühle als auch für kleinere Objekte wie Gläser und Geschirr.

MATERIALIEN Manche Oberflächen sind mehr Yang und fördern den Energiefluss, wie etwa Marmor oder gekachelte Böden und Küchentheken aus Granit. Andere sind eher Yin und dämpfen die Energie, wie Holzböden, Polstermöbel und Tischtücher. Generell schaffen glänzende und

Durch die Ausstattung und Dekoration mit Yang-Elementen wirkt ein Raum dynamischer.

wasserundurchlässige Flächen eine Yang-Atmosphäre, matte, durchlässige Materialien eine Yin-Atmosphäre.

ANORDNUNG Je offener und leerer ein Raum, je sparsamer die Möbel angeordnet sind, desto schneller fließt die Energie und verströmt mehr Yang. Ein Zimmer, vollgestellt mit Möbeln, tendiert zu mehr Yin, besonders wenn die Möbel nicht mit Bedacht arrangiert sind.

BELEUCHTUNG Je gedämpfter und schwächer die Beleuchtung, desto stärker ist das Yin eines Raumes. Helles, direktes Licht schafft eine aktivere Yang Atmosphäre.

KLÄNGE Laute, rhythmische Musik belebt das Yang eines Raumes; leise, sanfte Töne haben Yin.

Die Grundregeln der fünf Elemente

Nach den klassischen fernöstlichen Grundsätzen gibt es fünf Elementarkräfte – Holz, Feuer, Erde, Metall und Wasser –, von denen jede eine Reihe bestimmter Merkmale hat. So ist Feuer als Elementarkraft voller Leidenschaft und Aufregung, während Erde Sicherheit und beruhigende Energie vermittelt. Jedem Element sind eine Jahreszeit sowie Farben, Formen und Materialien zugeordnet. Das Wasser ist beispielsweise das stille, schwarze Winter-Element. Da die Kräfte überall um uns, in uns und im Universum sind, beeinflussen sie die Gesundheit und Gefühle – positiv und negativ. Idealerweise besteht zwischen den fünf Elementen ein Gleichgewicht. Oft wird jedoch durch die Dominanz eines Elements eine Verschiebung der Energien bewirkt. Wenn ein Element stärker ist, entsteht ein Ungleichgewicht, das das Denken und die Gefühle beeinflussen kann. Durch Feng Shui soll Ausgewogenheit und Harmonie zwischen den fünf Elementen bewirkt werden. Die Lokalisierung und Korrektur einer Verschiebung innerhalb der fünf Elemente gehört zu den besonderen, komplizierten Anwendungsmöglichkeiten von Feng Shui.

DAS VERHÄLTNIS DER ELEMENTE ZUEINANDER

Die fünf Elemente sind durch ein Netzwerk von unterstützenden und destruktiven Verknüpfungen miteinander verbunden. Jedes Element unterstützt und zerstört bestimmte andere und wird selbst wiederum von bestimmten Elementen unterstützt und zerstört. Man spricht von den Zyklen der Unterstützung und Zerstörung, wie im Diagramm auf der gegenüberliegenden Seite dargestellt.

Die Elemente sind in einem Kreis in folgender Reihenfolge angeordnet: Feuer, Erde, Metall, Wasser, Holz. Im konstruktiven Zyklus unterstützt jedes Element das benachbarte Element im Uhrzeigersinn. So unterstützt die Erde Feuer. Wenn sich jedes Element im Gleichgewicht befindet, entsteht ein Zustand der Harmonie. Wenn das unterstützte Element jedoch zu stark wird, schwächt es das unterstützende Element. Das zu starke Element Erde verringert das Element Feuer.

Wenn ein Element schwach und das nächste – dem Uhrzeigersinn nach – verhältnismäßig stark ist, wechselt das Chi in

HOLZ

FÖRDERT Leben, Wachstum, Vitalität, Aktivität

JAHRESZEIT Frühling

POSITIVE GEFÜHLE Vertrauen, Selbstbehauptung, Ausdauer

NEGATIVE GEFÜHLE Zorn, Reizbarkeit, Hyperaktivität

FARBEN grün oder blau

FORMEN hoch und rechteckig

MATERIALIEN Holz, Bambus, Papier

FEUER

FÖRDERT Leidenschaft, Wärme, Begeisterung, Ausdrucksstärke

JAHRESZEIT Früh- und Hochsommer

POSITIVE GEFÜHLE Begeisterung, Leidenschaft, Überschwänglichkeit

NEGATIVE GEFÜHLE Hysterie, Stress, Gefühlsschwankungen

FARBEN leuchtend rot oder violett

FORMEN dreieckig, gezackt, spitz

MATERIALIEN Lampen, Kerzen, offene Flamme

ERDE

FÖRDERT Wohlbehagen, Sicherheit, Beständigkeit, Umsicht

JAHRESZEIT Spätsommer, Frühherbst

POSITIVE GEFÜHLE Einfühlsamkeit, Rücksicht, Verständnis

NEGATIVE GEFÜHLE Eifersucht, Abhängigkeit, Unentschlossenheit

FARBEN gelb, beige und braun

FORMEN niedrig, flach und rechteckig

MATERIALIEN Ton, Keramik, Baumwolle, Wolle, weicher Stein, Ziegelstein

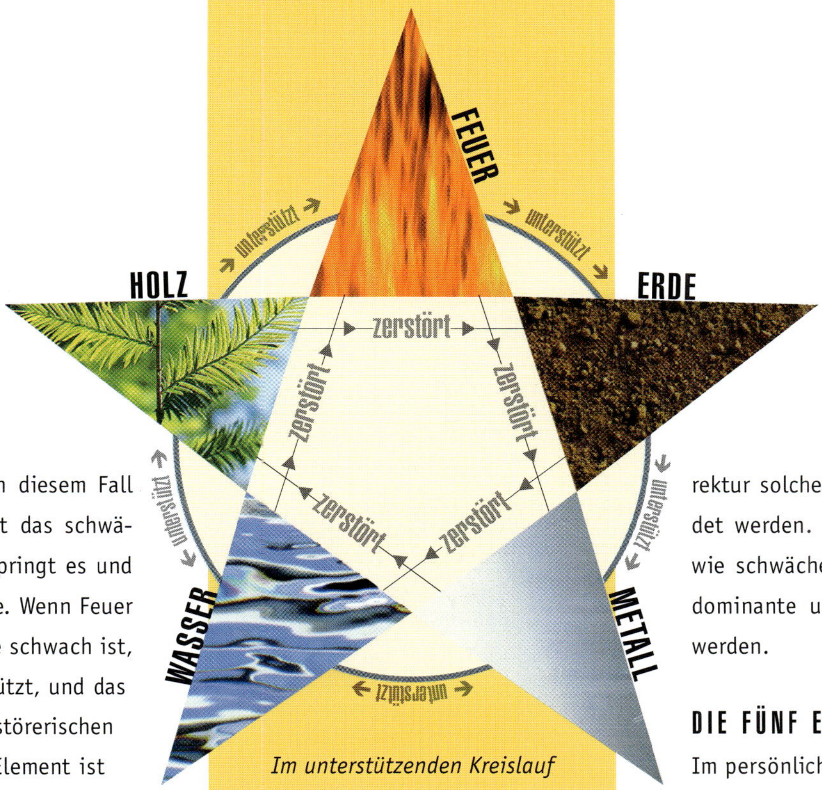

Im unterstützenden Kreislauf fördert jedes Element das folgende – im Uhrzeigersinn. Wenn das folgende Element schwach ist, findet eine Verschiebung in den destruktiven Zyklus statt. Ein Element zerstört dann jeweils dem Uhrzeigersinn nach das übernächste.

den destruktiven Zyklus. In diesem Fall stützt das stärkere Element das schwächere nicht, sondern überspringt es und zerstört das darauf folgende. Wenn Feuer dominant wird und die Erde schwach ist, wird die Erde nicht unterstützt, und das Metall steht unter der zerstörerischen Energie des Feuers. Jedes Element ist folglich für ein anderes destruktiv und kann wiederum selbst zerstört werden.

Wenn ein Element dominant wird, besteht die Gefahr, dass es zum Nachteil der anderen Elemente und des Chi so bleibt. Wenn das Feuer stark ist, wird es immer dominanter, zerstört das Metall, schwächt das Element Holz und schafft so Ungleichgewicht. Feng Shui kann zur Korrektur solcher Verschiebungen angewendet werden. Im Folgenden wird erklärt, wie schwächere Elemente gefördert und dominante umgeleitet oder geschwächt werden.

DIE FÜNF ELEMENTE UND DAS ICH

Im persönlichen Chi jedes Menschen sind alle Elemente in unterschiedlichem Maß vorhanden. Meist besteht jedoch keine Symmetrie. Vielmehr dominiert oft ein Element und bewirkt fortwährend eine Verschiebung der Energien. So kann es sein, dass eine Zeit lang das Element Feuer dominant ist, dann aber sich selbst verzehrt und dadurch das Element Wasser dominant wird.

Mit Hilfe der fünf Elemente kann die persönliche Energie in eine bestimmte Richtung gesteigert werden. Für mehr Selbstsicherheit empfiehlt es sich, das Element Holz zu stärken, indem man mehr grünes Blattgemüse verzehrt und sich zu Hause mit wohnlichem Holz umgibt und Pflanzen aufstellt. Die elementare Energie von Holz wird durch die gleichzeitige Verstärkung des Elements Wasser vergrößert, da Wasser das Lebenselement von Bäumen ist. Dazu werden grüne Blattgemüse in einer Suppe mit viel Wasser zubereitet und Wassergefäße dort im

METALL

FÖRDERT Reichtum, Bodenständigkeit, Führungs-, Organisationstalent

JAHRESZEIT Spätherbst

POSITIVE GEFÜHLE Ordnungsliebe, Selbstreflexion, Leidenschaft

NEGATIVE GEFÜHLE Deprimiertheit, Traurigkeit, Introvertiertheit

FARBEN weiß, grau, rostrot, silber oder gold

FORMEN Rundung, Bögen, Oval

MATERIALIEN Metalle, harter Stein

WASSER

FÖRDERT Tiefe, Macht, Flexibilität, Ausgeglichenheit

JAHRESZEIT Winter

POSITIVE GEFÜHLE Mut, Inspiration, Flexibilität

NEGATIVE GEFÜHLE Angst, Unsicherheit, Sorgen

FARBEN schwarz oder cremefarben

FORMEN unregelmäßig, wellenförmig, kurvig

MATERIALIEN Glas

Ausgewogenheit ist der Schlüssel zu einem gesunden Chi. Jede Mahlzeit sollte eine gute Kombination der fünf Elemente bieten.

Ernährung und die fünf Elemente

Zur Stärkung eines bestimmten Elements wird dem Essen mehr vom betreffenden Geschmack beigefügt. So kann man für mehr Selbstvertrauen und Durchsetzungsvermögen das Element Holz durch Saures wie Essiggurken stärken. Damit diese Energie nicht vom Feuer geschwächt wird, muss gleichzeitig Bitteres vom Element Feuer reduziert werden. Damit wiederum das Element Holz nicht durch das Element Metall zerstört wird, soll man scharfe Gewürze wie Knoblauch und Ingwer nur zusammen mit vielen Zutaten des Elements Wasser verzehren.

Das ideale Gleichgewicht entsteht, indem Aspekte aller fünf Elemente in der Zubereitung und beim Kochen berücksichtigt werden. Zur Stärkung eines Elements empfiehlt es sich, die Zubereitungsart für das betreffende und das von ihm unterstützte Element zu verwenden, nicht aber die des destruktiven Elements.

HOLZ

SAUER

Oliven, Essig, Sauerkraut, Mixed Pickles

ZUBEREITUNGSART

Dünsten, Blanchieren

FEUER

BITTER

Frühlingszwiebeln, Zitrone, Brunnenkresse, geröstete Samen, Chillies

ZUBEREITUNGSART

Unter Rühren braten, Braten, Tempura

ERDE

SÜSS

Mais, Erbsen, Sirup, Kompott, süß schmeckendes Gemüse

ZUBEREITUNGSART

Pochieren, Schmoren, in wenig Wasser lange köcheln

METALL

SCHARF

Ingwer, Knoblauch, Senf

Rettich, Naturreis

ZUBEREITUNGSART

Backen, mit Dampfdruck garen

WASSER

SALZIG

Miso, Shoyusauce, Suppe, Wintergemüse, Seetang, Salzwasserfisch

ZUBEREITUNGSART

Kochen, Köcheln

Haus aufgestellt, wo die Morgensonne hinfällt, also in Richtung von Wachstum und Aktivität (S. 20–21).

Wie bei Yin und Yang führt ein Ungleichgewicht der fünf Elemente zu Energieverlust, Krankheit sowie Gefühls-, Reaktions- und Verhaltensstörungen. Zu viel des Elements Feuer führt dazu, dass man zu leidenschaftlich und erregbar ist oder aber hysterisch wird. Gefühlsausbrüche zehren an der Kraft und machen das Leben stressig und schwer, was weitere Probleme nach sich zieht.

Die Liste der positiven und negativen Gefühle und ihrer Symbole auf den Seiten 16–17 soll als Hilfe dienen, um herauszufinden, ob ein Element dominant ist und sein Einfluss reduziert werden muss. Unter Zuhilfenahme der Kreise kann dem vorausgehenden Element Chi entzogen werden, oder die Umgebung wird zur Mäßigung des starken und Stärkung des schwächeren Elements umgestaltet. Um Feuer zu beruhigen und seinen Einfluss zu meiden, wird das nachfolgende schwache Element Erde gestärkt und, wenn nötig, sogar Wasser zur Bekämpfung aktiviert. Das Element Erde verhilft zu natürlicher Entspanntheit und einer neuen, ausgewogenen Lebenshaltung.

Hier sind alle Elemente vereint: Feuer durch natürliches und elektrisches Licht; Wasser durch die Glasfenster und Vase; Holz durch den Holzboden; Metall im Tisch und Erde durch die Stoffbezüge der Stühle.

DAS ZUHAUSE UND DIE ELEMENTE

Bei der Dekoration des Esszimmers oder -bereichs ist es wichtig, ein Gleichgewicht zwischen den fünf Elementen in Materialien, Farben und Raumeigenschaften zu wahren. Bei Holzboden, weiß verputzten Wänden und weißer Decke sowie großen Fenstern sind die Elemente Holz, Erde und Wasser vertreten. Heller Sonnenschein fördert das Element Feuer, wie auch helle Lampen, Kerzen oder ein Kaminfeuer. Wenn jedoch das Element Metall nicht ausreichend zur Geltung kommt, können die Mahlzeiten in solcher Umgebung leicht unorganisiert und unstrukturiert wirken. Deshalb bietet sich an, das Element Metall in Form eines Kunstwerks, einer Uhr oder anderer Gegenstände, wie etwa Besteck, hinzuzufügen und die Farben Weiß und Grau zu verwenden.

Im Feng Shui werden zum Ausgleich der fünf Elemente oft Dekorationsgegenstände gezielt eingesetzt. Solche Objekte müssen am richtigen Platz im Zimmer aufgestellt werden (siehe die acht Richtungen, S. 20–21).

Das Element Holz wird durch Pflanzen, Holz, Bambus und Rattan verstärkt; das Element Feuer gewinnt mehr Einfluss durch Lampen und Kerzen. Durch Gegenstände aus Ton und Keramik wird das Element Erde gefördert. Metalluhren, Windspiele und Ornamente stärken das Element Metall. Das Element Wasser wird durch Kristallgegenstände, etwa eine Vase oder Gläser oder Wassergefäße, wie zum Beispiel ein Aquarium, betont.

Anwendung der acht Richtungen

Im Feng Shui hängt das Wesen des Chi von der Himmelsrichtung ab, der gegenüber oder in der es sich befindet oder in die es sich bewegt. Der Fluss des Chi aus Süden umfasst beispielsweise leidenschaftliche, feurige Energie, die jeden Menschen und jeden Gegenstand, der damit in Berührung kommt, erfasst. Jede Richtung steht auch mit einem der fünf Elemente und einer Tageszeit in Verbindung. Einer der Eckpfeiler der Lehre des Feng Shui besteht in der bestmöglichen Lenkung und Anwendung dieser Energieströme.

Die Ausrichtung eines Gebäudes und die Lage des Eingangs und der Räume beinflussen die Zusammensetzung seines Chi. Wenn die Küche sich im Osten befindet, wird sie von einem lebhaften östlichen Chi beeinflusst, das für neue Pläne und Begeisterung öffnet und zum Ausprobieren neuer Rezepte und Kochmethoden mit frischen Ideen und viel Energie anregt. Ein Esszimmer an dieser Stelle hätte möglicherweise eine überaktive Atmosphäre, die nicht zum Entspannen einlädt. Das gleiche Prinzip gilt für die Richtungen in einem Zimmer und am Esstisch. Wer dem Osten gegenüber sitzt, hat vielleicht Mühe, still zu sitzen.

Feng Shui hat zum Ziel, das beste aus gutem Chi herauszuholen und Probleme zu lösen, die durch falsch eingesetztes Chi entstanden sind. Dies geschieht zum Beispiel durch die Anordnung der fünf Elemente. Durch die Plazierung genau konzipierter Gegenstände in einem Raum kann das dominante Element umgestaltet und die Atmosphäre den Aktivitäten im Zimmer angepasst werden. Ein südlich gelegenes Esszimmer wird vom hellen Element Feuer dominiert und kann durch den Einsatz der ausgleichenden Elemente Erde und Metall (Ton, Keramik und metallene Gegenstände) gedämpft werden. Auf grelle Beleuchtung sollte man verzichten, da sie das Element Feuer verstärkt. Ebenso setzt man die Farben der fünf Elemente ein, um schwächere Elemente zu stärken und umgekehrt.

In Kapitel 3 werden Essen für besondere Gelegenheiten beschrieben, die unterschiedliches Chi zur Förderung der besten Atmosphäre verlangen. Dabei sitzen Gast und Gastgeber in einer bestimmten Richtung, um die angemessene Stimmung für den jeweiligen Anlass zu fördern. Die Informationen auf der nächsten Seite zeigen, welche Auswirkungen die acht Richtungen auf das Esszimmer

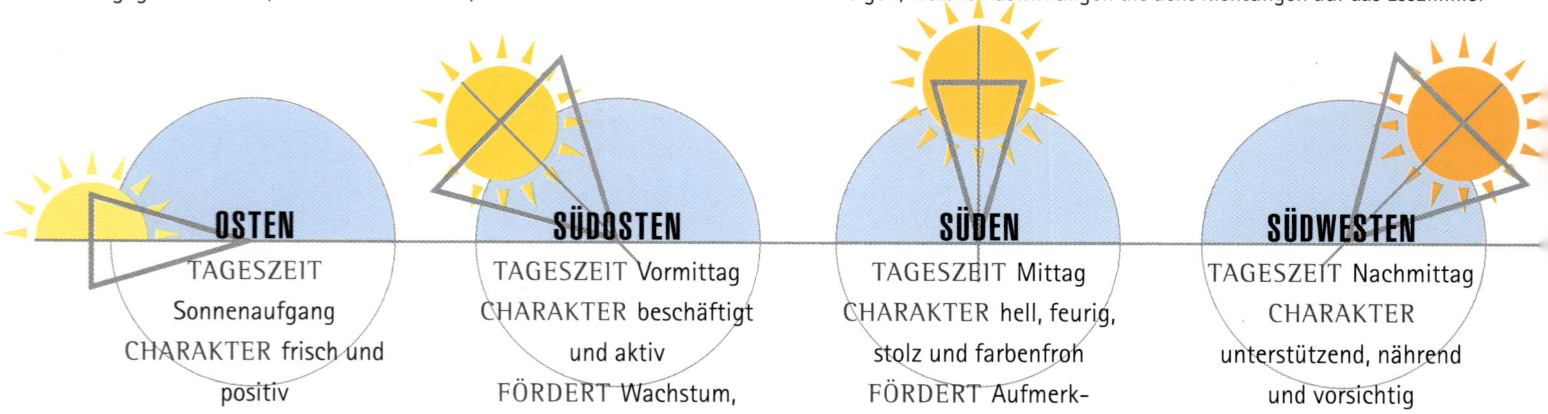

OSTEN

TAGESZEIT Sonnenaufgang
CHARAKTER frisch und positiv
FÖRDERT Vitalität, neue Aufgaben und Motivation
ELEMENT Holz

SÜDOSTEN

TAGESZEIT Vormittag
CHARAKTER beschäftigt und aktiv
FÖRDERT Wachstum, Harmonie und Kreativität
ELEMENT Holz

SÜDEN

TAGESZEIT Mittag
CHARAKTER hell, feurig, stolz und farbenfroh
FÖRDERT Aufmerksamkeit, Ausdruck und Geselligkeit
ELEMENT Feuer

SÜDWESTEN

TAGESZEIT Nachmittag
CHARAKTER unterstützend, nährend und vorsichtig
FÖRDERT Festigkeit und methodische Fortschritte
ELEMENT Erde

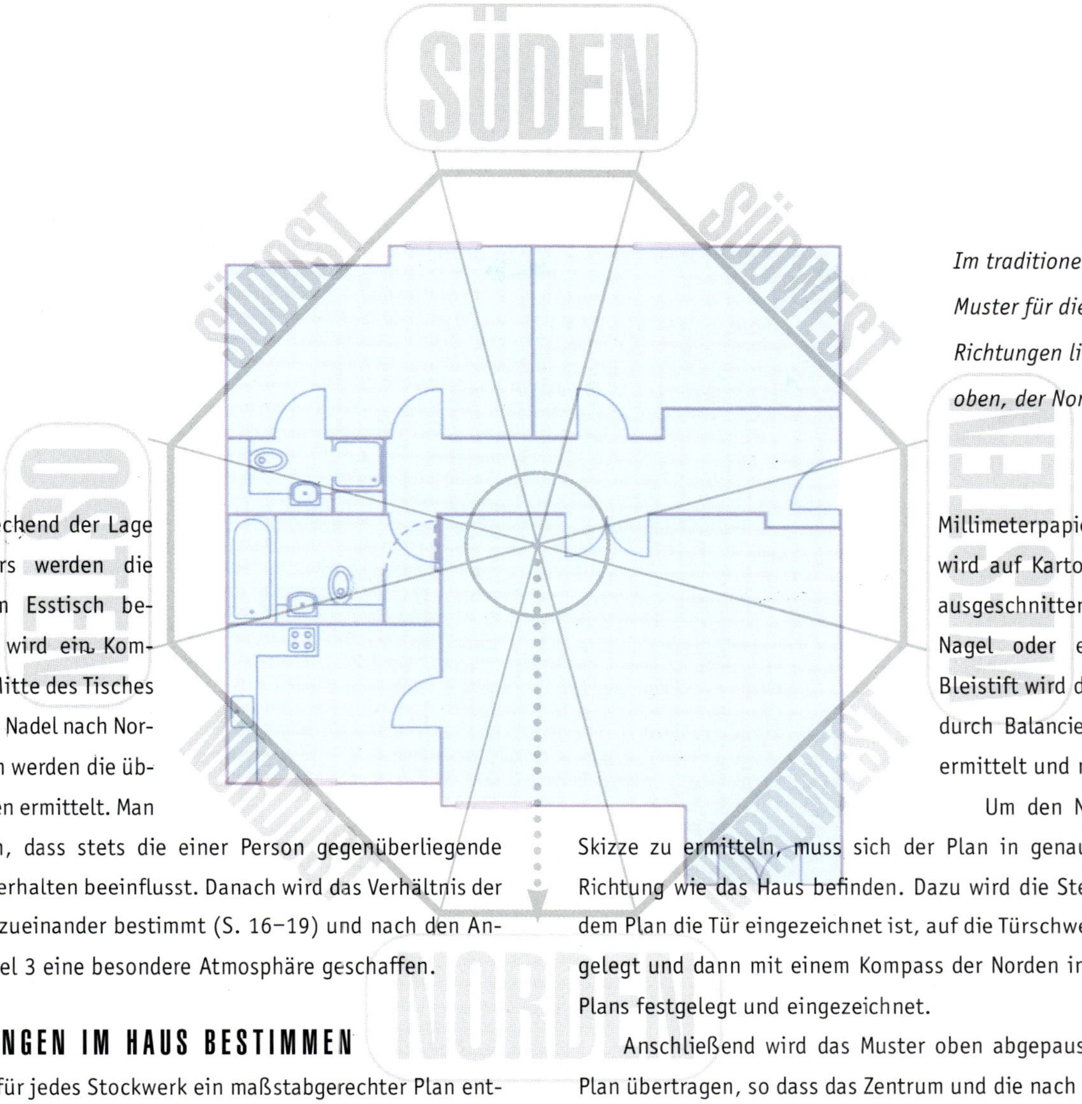

Im traditionellen Feng-Shui-Muster für die acht Richtungen liegt der Süden oben, der Norden unten.

haben. Entsprechend der Lage des Esszimmers werden die Richtungen am Esstisch bestimmt. Dafür wird ein Kompass so in die Mitte des Tisches gelegt, dass die Nadel nach Norden zeigt. Dann werden die übrigen Richtungen ermittelt. Man muss beachten, dass stets die einer Person gegenüberliegende Richtung das Verhalten beeinflusst. Danach wird das Verhältnis der fünf Elemente zueinander bestimmt (S. 16–19) und nach den Angaben in Kapitel 3 eine besondere Atmosphäre geschaffen.

DIE RICHTUNGEN IM HAUS BESTIMMEN

Zunächst wird für jedes Stockwerk ein maßstabgerechter Plan entworfen und dabei die Abmessungen von Wänden, Türen, Fenstern und großen Möbeln berücksichtigt. Jedes Ergebnis wird durch die gleiche Zahl geteilt, bis der Maßstab klein genug für eine Skizze auf Millimeterpapier ist. Der Plan wird auf Karton geklebt und ausgeschnitten. Mit einem Nagel oder einem spitzen Bleistift wird der Mittelpunkt durch Balancieren der Skizze ermittelt und markiert.

Um den Norden auf der Skizze zu ermitteln, muss sich der Plan in genau der gleichen Richtung wie das Haus befinden. Dazu wird die Stelle, in der auf dem Plan die Tür eingezeichnet ist, auf die Türschwelle des Hauses gelegt und dann mit einem Kompass der Norden in der Mitte des Plans festgelegt und eingezeichnet.

Anschließend wird das Muster oben abgepaust und auf den Plan übertragen, so dass das Zentrum und die nach Norden verlaufenden Linien sich decken. Dann werden die Eckpunkte jeder der acht Richtungen eingezeichnet. Man kann dieses Muster auf jeden Raum übertragen, um die Richtungen zu ermitteln.

WESTEN

TAGESZEIT Sonnenuntergang
CHARAKTER entspannt, besonnen und zufrieden
FÖRDERT Romantik, Vergnügen und Spaß
ELEMENT Metall

NORDWESTEN

TAGESZEIT Dämmerung
CHARAKTER weise, verantwortungsbewusst
FÖRDERT Führungseigenschaft und den Sinn für Planung und Organisation
ELEMENT Metall

NORDEN

TAGESZEIT Nacht
CHARAKTER ruhig, friedlich und gelassen
FÖRDERT Regeneration, Heilung und Spiritualität
ELEMENT Wasser

NORDOSTEN

TAGESZEIT Morgendämmerung
CHARAKTER scharfsinnig, leistungsorientiert
FÖRDERT Motivation und Arbeitswillen
ELEMENT Erde

Feng Shui und die Küche

Entscheidend für Wohlergehen und Harmonie in der Familie ist das ausgewogene Chi im Kochbereich, da ein schlechter Energiefluss dort das Chi im ganzen Haus beeinträchtigen kann. Die Lage der Küche im Haus ist ausschlaggebend für das Chi der Umgebung. Die auf Seite 21 beschriebene Methode hilft die Himmelsrichtung der Küche zu bestimmen. Idealerweise ist die Küche so gelegen, dass sie vom Element Holz beeinflusst wird, da dies mit dem Feuer der Kochstelle und dem Wasser der Spüle in Einklang steht. Ohne das Holz wäre der Fünf-Elemente-Kreislauf unvollständig und das Chi zwischen Wasser und Feuer möglicherweise ungünstig. Im Folgenden werden die acht Richtungen für die Küche in der Reihenfolge ihrer Bedeutung vorgestellt. Außerdem finden Sie Vorschläge, wie das Chi in der Küche positiv beeinflusst werden kann, wenn die Lage der Küche ungünstig ist.

Die Küche wird als wichtiger Lebensraum der Familie angesehen, weil hier das Essen zubereitet wird. Das Chi der Küche hat großen Einfluss darauf, wie man sich fühlt und wie gut man kochen kann. Eine harmonische Kombination von Metall, Glas und Holz schafft gesundes, positives Chi.

OSTEN UND SÜDOSTEN Diese beiden Richtungen sind fast ideal, da das Chi hier Wachstum, Aktivität und Entwicklung fördert. Das Element Holz fördert in dieser Lage den harmonischen Fluss des Chi in der Küche und hat positiven Einfluss auf die Wohnatmosphäre.

SÜDEN Das Element Feuer im Süden verstärkt den Hang zu gefühlsmäßiger Überreaktion und Streit. Durch die Betonung des Elements Erde, indem man etwa Tongefäße in Herdnähe stellt, wird das Feuer abgeschwächt. Zum Ausgleich der gegensätzlichen Energien von Feuer und Wasser, die nicht miteinander harmonieren, kann man, wenn der Platz es erlaubt, Kräuterpflanzen in Nähe der Spüle aufstellen. Die Energie der Pflanzen sorgt für den harmonischen Fluss des Chi zwischen Feuer und Wasser. Das Element Holz wird durch Flächen und Böden aus Holz, Pflanzen sowie die Farben Grün und Gelb verstärkt.

SÜDWESTEN UND NORDOSTEN Das Element Erde dieser Richtungen harmoniert mit dem Feuer vom Herd, aber nicht dem Wasser der Spüle. Störungen der Familienharmonie und Gesundheit können die Folge sein. Die Kombination von Edelstahlspüle, Kachelboden, Töpfen und Pfannen aus Stahl, die Farbe Weiß und eine Uhr aus Metall wirken ausgleichend.

WESTEN UND NORDWESTEN Die Energie des Feuers (Herd) harmoniert nicht mit dem Metall des Westens und Nordwestens eines Hauses. Außerdem wirkt die Energie des Wassers auf Metall eher abschwächend – mit dem Resultat, dass man leicht den Überblick verliert und unkonzentriert wird. Um Feuer und Metall in Einklang zu bringen, kann das Erdelement betont werden, indem man Vorratsbehälter aus Ton oder Glas rechts und links von Herd und Kamin platziert. Nützlich sind auch Keramik, Kalkstein und Steinböden sowie die Farbe Gelb und niedrige Pflanzen. Durch eine Edelstahlspüle und Küchenutensilien aus Metall wird die Energiebalance gestützt.

Das Chi dieser Küche ist von Metall bestimmt, das funktional ist und durch den schnellen, aktiven Energiefluss Vitalität und Organisation fördert.

NORDEN Das Element Wasser von Norden her wird durch das Wasser der Spüle zu stark. Außerdem harmonisiert Wasser nicht mit dem Feuer des Herds. Dies kann zu einem Verlust an Vitalität, zu Einsamkeit und Verstimmungen führen. Zum Ausgleich von Wasser und Feuer könnte man das Element Holz stärken und so überschüssiges Wasser reduzieren, wie etwa durch das Aufstellen einiger Pflanzen und durch Holzoberflächen sowie die Farbe Grün. Auch Behälter aus Holz oder Bambus sind hier besonders geeignet, denn sie sind luftdurchlässig. Tee, Brot und andere Lebensmittel bleiben darin länger frisch.

PERFEKTE KÜCHENGESTALTUNG

Ein heller, sonniger Raum schafft eine lebendige, heitere Atmosphäre beim Kochen. Durch Sonnenwärme wird die Küche nicht so schnell feucht, und das Chi bleibt frisch und rein. Wenn die Küche eher dunkel ist, helfen Strahler in den Eckbereichen. Da dunkle Ecken schwerer sauber zu halten sind, stagniert die Chi-Energie dort schneller.

Große Blattpflanzen halten eine moderne Küche mit ausreichend Platz frisch und lebendig. Durch hervorstehende Ecken und Kanten verursachtes, schnell fließendes Chi wird durch das Aufstellen von Pflanzen vor den problematischen Bereichen bekämpft. Frischluftzufuhr gewährleistet die Bewegung des Chi und vertreibt Feuchtigkeit.

Farben sorgen für die Feinabstimmung des Chi. Das Chi wird durch Gegenstände in Yang-Farben, wie einem leuchtend roten Pflanzentopf, aktiviert. Umgekehrt wird das Chi durch Yin-Farben beruhigt, etwa mit einem pastellblauen Tablett. Die Farben der fünf Elemente (S. 16–17) sollten an geeigneter Stelle im Raum zur Geltung kommen. So kann ein kräftiges Violett im feurigem Süden die Küche beleben und Gelb im Südwesten sie gemütlicher gestalten.

Holz ist die perfekte Oberfläche in der Küche, denn seine organische Herkunft fördert den gesunden Fluss von Chi. Edelstahl schafft eine härtere, aktivere Yang-Atmosphäre, die nicht angebracht ist, wenn man viel Zeit in der Küche verbringt und daher eine entspannende Umgebung sucht.

Hat die Küche eine ungünstige Lage, ist es besonders wichtig, sie sauber und trocken zu halten. Wenn das Chi stagniert, wirkt sich dies negativ auf die dort zubereiteten und aufbewahrten Nahrungsmittel aus, und damit natürlich auch auf die Gesundheit.

Die Arbeitsflächen in der Küche sollen stets trocken sein, da Feuchtigkeit und Nässe zur Schwere und Stagnation des Energieflusses führen. Verdorbene Lebensmittel sollte man sofort wegwerfen, da sie ungesundes Chi abstrahlen.

ANORDNUNG DER GERÄTE UND FLÄCHEN

Beim Renovieren oder Einrichten der Küche ist es wichtig, den besten Platz für Herd, Spüle und Arbeitsfläche zu finden, wo man die meiste Zeit beim Arbeiten in der Küche verbringt. Herd und Spüle steuern auch ihr eigenes Chi aus Feuer und Wasser bei.

Nach dem Einzeichnen der acht Richtungen von der Mitte der Küche aus nach der Methode auf Seite 21 wird mit Hilfe der Informationen unten und gegenüber der beste Platz für Herd, Spüle und Arbeitsfläche ermittelt. Die einzig günstigen Positionen für Herd und Spüle sind Osten und Südosten, die mit dem Element Holz in Verbindung stehen. Holz wiederum harmoniert mit Feuer und Wasser. Bestimmte Lagen wie der Südwesten und Nordwesten können für den Herd ebenso geeignet sein, da Feuer mit Erde harmoniert, doch andere benötigen eventuell genau durchdachte Feng-Shui-Lösungen.

Wenn die Spüle im Süden liegt, sollten Pflanzen in ihrer Nähe dekoriert werden, damit das Element Holz Harmonie zwischen Feuer und Wasser schafft. Wenn der Herd in südlicher Richtung steht, ist das Feuer übermächtig und muss mit dem Element Erde abgeschwächt werden, wie etwa durch das Aufstellen von Glas- und Keramikgefäßen in Herdnähe. Wenn der Herd im Westen oder Nordwesten platziert ist, muss das Element Erde das Aufeinandertreffen von Metall und Feuer mindern. Wenn die Spüle aber im Westen oder Nordwesten steht, müssen Vorkehrungen getroffen werden, dass die Energie des Metalls nicht reduziert wird. Küchengegenstände aus Metall in Spülennähe helfen dem ab. Da der Norden für gute Gesundheit zu ruhig ist, müssen Holz und Pflanzen in der Nähe von Herd und Spüle platziert werden, wenn sie im Norden liegen. Wenn Herd oder Spüle im Südwesten oder Nordosten stehen, sollte man das Element durch Metall verstärken.

Die Richtungen beim Kochen

BLICKRICHTUNG NORDOSTEN Fördert Motivation, Orientierung und Wettbewerbsfähigkeit und ist beim Kochen dann nützlich, wenn es schnell gehen muss.

BLICKRICHTUNG OSTEN Der Blick nach Osten fördert Aktivität, Begeisterung und Fleiß. Er spornt auch bei Ungeduld zu detailliertem Arbeiten an.

BLICKRICHTUNG SÜDOSTEN Fordert die Kreativität heraus und beflügelt die Fantasie und das Künstlerische, inspiriert zu neuen Ideen.

BLICKRICHTUNG SÜDEN Fördert Extrovertiertheit und Leidenschaft für das Essen. Allerdings beeinträchtigt sie die Konzentration.

BLICKRICHTUNG SÜDWESTEN Wird mit langsamem, aber stetigem Fortschritt und Pragmatik assoziiert. Sie hilft, das richtige Tempo zu finden.

BLICKRICHTUNG WESTEN Der Westen fördert die Freude am Kochen und Zufriedenheit im Leben. Diese Richtung ist geeignet, um mit Begeisterung zu kochen, aber nicht, um Motivation oder Konzentration zu steigern.

BLICKRICHTUNG NORDWESTEN Um die Küche besser unter Kontrolle zu haben und verantwortungsbewusster zu sein, hilft es, in dieser Richtung zu arbeiten. Sie hilft auch, das Kochen ernster zu nehmen und sich gut zu organisieren.

BLICKRICHTUNG NORDEN Der Blick nach Norden ist die friedlichste Richtung, die beim Kochen gewählt werden kann. Allerdings ist das Chi des Nordens meist nicht förderlich für den Arbeitsaufwand, der zur Zubereitung großer oder kreativer Mahlzeiten nötig wird.

In der Morgensonne löst das Chi aus dem Osten Aktivität und Begeisterung für das Kochen aus.

Das Material der Kochutensilien beeinflusst auf subtile Weise das Chi einer Mahlzeit.

Küchenausstattung

ARBEITSFLÄCHEN UND BÖDEN aus Kunststoff, Teppiche aus Synthetik sollte man möglichst aus der Küche verbannen, denn sie hemmen den natürlichen Fluss des Chi. Elektrogeräte wie Mikrowelle und Toaster verursachen elektromagnetische Strahlen und stören ebenso. Wenn man nicht auf sie verzichten möchte, muss ihre negative Energie durch Pflanzen assimiliert werden. Neonlicht zerstreut die Chi-Energie und ist deshalb möglichst zu vermeiden.

ARBEITSFLÄCHEN Holz ist die ideale Yin-Arbeitsfläche für Kochvorbereitungen. Die Aufnahmefähgikeit und Harmonie werden durch einen stählernen Yang-Griff am Messer verstärkt. Es ist außerdem nachgewiesen, dass Holz bakterielle Lebensmittelinfektionen verringert.

DER HERD Auf dem Herd zubereitete Speisen liefern dem Körper tatsächlich Lebensenergie. Herde, die mit dem Feuer natürlicher Brennstoffe beheizt werden wie ein Gas- oder Holzkohleherd sind elektrischen und Mikrowellengeräten vorzuziehen.

HOLZ Dieses leichte, zu Yin tendierende Material verleiht dem Essen eine zarte Note. Holz ist ein lebender Stoff mit einem Ökosystem, das Hygiene in der Küche fördert.

KERAMIK Keramisches Küchengeschirr hat mehr Yin als Metall und korrespondiert mit dem Element Erde, das beruhigend und sicher wirkt.

GUSSEISEN UND EMAIL Gusseisen besitzt ein kraftvolles Yang. Mit einem glatten Emailüberzug gewinnt es noch mehr Yang und eignet sich besonders als Material für Kasserollen, Eintöpfe und Suppen.

EDELSTAHL Messer und Geräte aus Stahl sind Yang. Edelstahltöpfe und -pfannen sind leichter als Geschirr aus Email, Glas oder Gusseisen und deshalb etwas mehr Yin als diese. Sie eignen sich zum Kochen, Dämpfen, Braten unter Rühren und für Suppen.

GLAS Glas steuert dem Essen Yang-Energie bei, wenn auch ohne die Kraft des Metalls. Glas ist durchscheinend und verhindert so Stagnation.

KUPFER Andere Metalle haben weniger Yin als Kupfer, doch eignet sich Kupfer besonders für temperaturempfindliche Speisen und für feine Saucen.

Gesunde Zutaten der Feng-Shui-Ernährung

Die Nahrung übt langfristig einen größeren Einfluss auf das Wohlbefinden, den Energiehaushalt und die Gesundheit aus als jeder andere Aspekt unseres Lebens. Jeder Mensch ist selbst dafür verantwortlich, sich gesundheitsbewusst zu ernähren, einschließlich notwendiger Nährstoffe und unbelasteter Lebensmittel. Die Ernährung nach den Feng-Shui-Regeln bietet ein Konzept, das das Wohlergehen von Körper, Geist und Umgebung mit einbezieht.

Schon lange bevor Vitamine und Mineralstoffe von Wissenschaftlern erforscht wurden, war das Essen im Fernen Osten nähr- und ballaststoffreich, mit wenig Zusatzstoffen und fettarm – Merkmale, die heute als Hauptgrund für die Langlebigkeit der Asiaten gelten. Dieses Buch orientiert sich an dieser Tradition und bietet ausgewogene Ernährung für ein gesundheitsbetontes Leben. Der Schlüssel dazu ist das Yin-Yang-Gleichgewicht der Zutaten und die richtige Gewichtung der fünf Elemente. Diese Chi-Prinzipien fördern die gesunde Ernährung.

In der fernöstlichen Tradition wird beim Kochen das natürliche Chi nie vergessen. In der westlichen Welt hingegen haben sich die Essgewohnheiten in den letzten 30 Jahren radikal verändert: Frisch zubereitete Mahlzeiten zu Hause werden zunehmend durch Fertig-, Trocken-, Dosen- und Tiefkühlkost ersetzt. Der Verbrauch von Zucker, Fleisch und konservierten Produkten ist stark gestiegen. Es gibt immer mehr Lebensmittel, die mit Zusätzen versehen, bestrahlt oder genetisch verändert sind. Auch die Landwirtschaft folgt diesem Trend: Pestizide, Kunstdünger und Massentierhaltung sind nun die Regel. Tiere werden regelmäßig mit Fertigfutter, Antibiotika und Wachstumshormonen aufgezogen. Die langfristigen Auswirkungen sind noch nicht bekannt, doch raten die Autoren der Gesundheit zuliebe nur zum Verzehr gesunder, natürlicher Produkte. Geeignet sind frische Produkte vom Bio-Bauern bzw. aus eigenem Anbau und die herkömmliche Zubereitung auf einem Herd mit Feuerstelle oder Gas statt der Verwendung von Fertigprodukten und Mikrowelle.

Die Feng-Shui-Ernährung folgt der Tradition Ostasiens: Frische, gesunde und natürliche Zutaten bieten die beste Voraussetzung für ein Leben in Balance.

Gewürze und Geschmacksverstärker

Gesunde, natürliche Zutaten sind in der asiatischen Kochkultur sehr wichtig. Mit selbst hergestellten Gewürzen und Geschmacksverstärkern werden Zusatzstoffe und Fertigprodukte der Lebensmittelindustrie überflüssig (S. 148–155).

In den vorgeschlagenen Rezepten wird möglichst wenig raffinierter Zucker verwendet, da Zucker den Blutzuckerspiegel zu schnell ansteigen lässt. Bevorzugt werden natürliche Süßmittel wie Ahorn- und Reissirup, die nährstoffreicher sind und den Blutzucker langsam anheben. Manche Gerichte in Kapitel 2 enthalten natursüßes Obst und Gemüse wie Kürbis, man muss also nicht auf Süßes verzichten.

Statt der üblichen Sojasauce wird natürliche Shoyu verwendet, die in einem längeren Verfahren und rein natürlich hergestellt wird.

GETREIDE

Getreideprodukte wie Reis, Nudeln, Brot und Cerealien bilden die Grundlage einer gesunden Ernährung. Sie sind durch komplexe Kohlenhydrate, Proteine, Fettsäuren, Mineralstoffe und Vitamine sehr ballaststoffreich. Ungeschältes Vollkorn ist nährstoffreicher als verarbeitetes ohne die äußere Hülse, das eher oxidiert und Nährstoffe verliert.
In manchen Rezepten in Kapitel 2 wird Vollkorn wie Reis und Gerste verwendet.

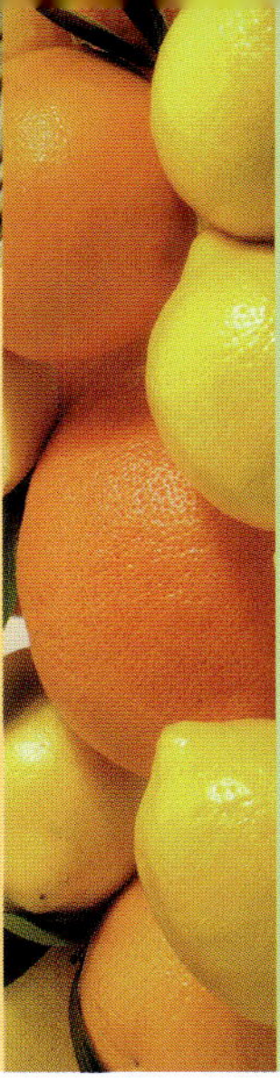

OBST & CO.

Es ist essenziell wichtig, viel Obst und Gemüse zu essen und durch verschiedene Garmethoden dem Körper die Nährstoffe und das benötigte Chi bestmöglich zur Verfügung zu stellen. Bohnen, Hülsenfrüchte, Tofu, Nüsse und Samen sind in Ostasien wichtige Proteinquellen, obwohl jedes Nahrungsmittel zum Wachstum Protein benötigt und es nicht möglich wäre, eine schmackhafte Mahlzeit ohne ausreichende Proteine zusammenzustellen.

FETTE & ÖLE

In der Feng-Shui-Ernährung wird kaltgepresstes Pflanzenöl mit ungesättigten Fettsäuren wie Oliven- und Sesamöl den ungesunden, gesättigten Fetten von Fleisch und Milchprodukten bevorzugt. Durch gesättigte Fettsäuren bilden sich in den Arterien und an wichtigen Organen Fettablagerungen, die das Risiko von Herz-, Gefäß- und Krebserkrankungen erhöhen. Die Anleitungen im Anhang zeigen, wie man gesunde Öle, etwa Basilikum- und Zitronenöl, mit bestimmtem Geschmack selbst herstellen kann (S. 153).

Da Fisch und Meeresfrüchte gesund, nahrhaft und fettarm sind, haben sie in diesem Buch Fleisch gegenüber den Vorrang. Die Weltgesundheitsorganisation hat festgestellt, dass der hohe Anteil an gesättigten Fettsäuren im Fleisch der Gesundheit schadet. In Fleisch sind auch Spuren von Hormonen, Antibiotika und chemischen Giften aus Spritzmitteln, mit denen das Tierfutter behandelt wurde. Wenn man dennoch Fleisch essen möchte, dann aus biologischer und artgerechter Haltung.

FISCH & FLEISCH

EIER & MILCHPRODUKTE

Die Autoren sind der Meinung, dass Milch (mit Ausnahme der Muttermilch) nicht gesund ist. Kein Lebewesen außer dem Menschen trinkt nach der Entwöhnung noch Milch.
Laut Weltgesunheitsorganisation fördern Milchprodukte Herz- und Kreislauferkrankungen, Krebs und Asthma. Eier sind ungesund, da sie reich an gesättigten Fettsäuren sind und das Cholesterin im Blut ansteigen lassen. Es empfiehlt sich, Milch durch Tahin, Kokos- oder Sojamilch zu ersetzen.

Je nach Zutaten und Zubereitungsart tendiert eine Mahlzeit entweder zu Yin oder eher zu Yang. Dieses Kapitel bietet für jeden Gang eine Auswahl verschiedener Yin- und Yang-Zubereitungen – man kann sich also aussuchen, ob man einen Yin- oder eher einen Yang-Effekt bevorzugt. Die Yin-Gerichte stehen jeweils auf der linken Seite, die Yang-Gerichte rechts. Je nach Bedarf und Laune folgt man einfach den Richtlinien aus Kapitel 1, um das geeignete Menü zusammenzustellen. Da nichts nur Yin oder nur Yang ist, ist jeder Rezeptvorschlag auf der Skala unten an der entsprechenden Stelle abgebildet. Alle Rezepte sind für vier Personen berechnet.

mehr Yin

2

Yin- und Yang-Rezepte

mehr Yang

Orangen-Muschelsuppe mit Koriander

700 g Mies- und Venusmuscheln, gewaschen und gesäubert
350 ml trockener Weißwein
2 Schalotten, fein gehackt
2 Knoblauchzehen, geschält, gehackt
650 ml Fischbrühe (S. 150) oder Wasser
Saft von 3 Orangen
1 großes Bund Koriandergrün, gehackt
Salz und frisch gemahlener schwarzer Pfeffer
150 g Crème fraîche oder Sahne (nach Belieben)

1 Die Muscheln in einen nicht zu stark erhitzten, schweren Topf geben. Wein, Schalotten, Knoblauch und Brühe (Wasser) hinzufügen. Bei geschlossenem Deckel und mittlerer Hitze 2–3 Minuten ziehen lassen.

2 Gut umrühren, dann den Topf schwenken, bis die Muscheln sich öffnen. Orangensaft einrühren und das Ganze zum Kochen bringen. Die geöffneten Muscheln mit dem Schöpflöffel herausnehmen und beiseite stellen.

3 Die Kochflüssigkeit vom Herd nehmen, in einen sauberen Topf abseihen. Koriandergrün und Muscheln hinzufügen. Wenn nötig, mit Salz und Pfeffer würzen (Muscheln haben oft einen hohen Salzgehalt, der Würzen überflüssig macht). Nach Belieben Crème fraîche oder Sahne in die Suppe rühren. Muscheln, die sich nicht geöffnet haben, wegwerfen. Die Muschelsuppe in Suppentellern servieren.

STEVEN

Dies ist eine meiner Lieblingssuppen – die Kombination von Muscheln und Orangensaft eignet sich vorzüglich als erfrischendes Entree mit dem unvergleichlichen Flair der französischen Küche. Dieses Gericht empfiehlt sich zu kleineren Anlässen. Es ist schnell und leicht gemacht, die Zutaten sind nicht teuer. Die Crème fraîche rundet den Geschmack ab. Die Angaben sind für sechs Vorspeisen oder vier große Portionen berechnet. Am besten isst man die Muscheln mit den Fingern und nimmt die Brühe mit frischem Brot auf (Brotrezepte S. 154–155).

Das Yin vom Wein und Orangensaft ergänzt das Yang der Meeresfrüchte und schafft Ausgewogenheit. Außerdem ist dieses Gericht reich an Erd- und Metallenergie. Im Sommer verleiht es neue Kraft und Elan. Muscheln steigern die Vitalität und manchmal sogar die Lust an der Liebe.

SIMON

Suppe mit geräuchertem Schellfisch und Brunnenkresse

1 EL Sonnenblumenöl
2 Schalotten oder 1 kleine Zwiebel, geschält und gehackt
1 kleine Fenchelknolle, geschnitten
2 Stangen Bleichsellerie, klein geschnitten
2 Knoblauchzehen, geschält und fein gehackt
250 g geräucherter Schellfisch mit Karkasse und Haut
1 l Milch
1 großes Bund Brunnenkresse
12 EL Brunnenkressepaste (S. 152)
150 g Crème fraîche
Salz und frisch gemahlener schwarzer Pfeffer
100 g geräuchertes Schellfischfilet, gekocht und zerteilt

1 Das Öl bei schwacher Hitze in einer Pfanne erwärmen. Schalotten, Fenchel, Sellerie und Knoblauch dazugeben und unter Rühren 2–3 Minuten weich dünsten. Den geräucherten Schellfisch mit Karkasse und Haut dazugeben und das Ganze unter ständigem Rühren weitere 2–3 Minuten garen, den Fisch dabei zerkleinern.

2 Milch zugeben und kurz aufkochen. Bei schwacher Hitze 15–20 Minuten ziehen lassen. Die Pfanne vom Herd nehmen, die Mischung in der Küchenmaschine pürieren und durch ein feines Sieb in einen sauberen Topf abgießen. Bei schwacher Hitze warm halten, aber nicht mehr aufkochen.

3 Brunnenkressepaste zubereiten und beiseite stellen (S. 152).

4 Crème fraîche nach und nach mit der Brunnenkressepaste, Salz und Pfeffer verrühren. Die Mischung in die Suppe rühren und beiseite stellen.

5 Das gekochte und zerkleinerte Schellfischfilet auf vier Suppenteller verteilen. Suppe zum Filet in die Teller schöpfen und sofort servieren.

Geräucherter Schellfisch verleiht der Brühe Geschmack und ergibt ein wunderbares Aroma, während zarte Brunnenkresse ihr eine runde, sanfte Note gibt und die Suppe zu einer sinnlichen Gaumenfreude macht.

STEVEN

Geräucherter Schellfisch ist die Basis einer Yang-Suppe – Geräuchertes tendiert allgemein zu Yang – mit Metall- und Wasserenergie. Durch Verwendung des ganzen Schellfischs ist die Suppe reich an Mineral- und Nährstoffen. Sie empfiehlt sich, wenn man das Gedächtnis stärken will oder bevor man eine Aufgabe anpackt, die viel Konzentration erfordert.

SIMON

Kürbis wirkt beruhigend und hat eine natürliche Süße. Besonders empfehlenswert ist er in der Erntezeit im Oktober; diese Suppe schmeckt aber das ganze Jahr gut. Das Trüffelöl dient der Verstärkung von Geschmack und Aroma. Es kann notfalls auch durch Sesamöl ersetzt werden.

STEVEN

Kürbis ist ein Gemüse, das sich hervorragend für alle eignet, die gern süß essen. Aufgrund seiner Süße bietet Kürbis viel Yin. Je länger er gekocht wird, desto süßer schmeckt er – genau wie Zwiebeln. Bleichsellerie, Pak-Choi und Tomaten sind ebenso Yin, schmecken aber frisch. Gemüsesuppe enthält mehr beruhigendes Yin als Fleisch- oder Fischsuppe. Sie wirkt wärmend und daher beruhigend und entspannend. Bei regelmäßigem Verzehr kräftigt sie den Magen. Außerdem eignet sie sich durch ihre Natursüße für alle, die den Zuckerverbrauch einschränken wollen.

Mit seiner Süße verstärkt Kürbis das Element Erde und kann so dazu beitragen, dass man sicherer und gelassener ist.

SIMON

Kürbissuppe mit Sellerie und Pak Choi

1 EL Olivenöl
1 kleine Zwiebel, geschält und gehackt
3 Knoblauchzehen
2 Stangen Bleichsellerie, geschnitten, und Blattgrün
1 kleine Fenchelknolle, gewürfelt
1 l kaltes Wasser
300 g Kürbis, geschält, in Würfeln (etwa 2 cm groß)
1 EL Paste aus sonnengetrockneten Tomaten (S. 152)
Salz und frisch gemahlener weißer Pfeffer
1–2 Pak-Choi-Blätter (ersatzweise Spinat), fein gehackt
2 Tomaten, enthäutet, in Würfeln (etwa 1 cm groß)
1 kleines Bund Basilikum, fein zerpflückt
1 TL Trüffelöl

1 Das Öl bei mittlerer Hitze in einer Pfanne erwärmen. Zwiebel, Knoblauch, Sellerie und Fenchelwürfel dazugeben und 2–3 Minuten weich dünsten, aber nicht bräunen.

2 Wasser und Kürbis dazugeben und das Ganze zum Kochen bringen. Tomatenpaste einrühren. Hitze reduzieren und die Suppe 20 Minuten ziehen lassen, bis der Kürbis gar ist. Mit Salz und Pfeffer würzen. Suppe vom Herd nehmen und Sellerieblätter, Pak-Choi, Tomaten und Basilikum unterrühren. Suppe mit Trüffelöl beträufeln und servieren.

Suppe mit geröstetem Wurzelgemüse und Korianderöl

2 $^1/_2$ EL Olivenöl
2 mittelgroße Karotten, in 2 cm lange Stücke geschnitten
2 mittelgroße Pastinaken, in 2 cm lange Stücke geschnitten
1 mittelgroße Kohlrübe, in 2 cm lange Stücke geschnitten
2 Stangen Bleichsellerie, in 2 cm lange Stücke geschnitten
1 kleiner Kürbis, in 2 cm große Stücke geschnitten
6 Knoblauchzehen, geschält
Meersalz und frisch gemahlener weißer Pfeffer
1 EL brauner Reissirup oder Honig
1 Thymianzweig
2 kleine Zwiebeln, geschält und gehackt
200 ml trockener Weißwein
750 ml Misobrühe (S. 150)
1 EL frisches Basilikum, zerpflückt
1 EL Korianderöl (S. 153)

1 Backofen auf 200 °C vorheizen. 2 EL Öl bei starker Hitze in einem feuerfesten Topf erwärmen. Das rohe Gemüse, 4 ganze Knoblauchzehen, etwas Salz und Pfeffer, Reissirup oder Honig und Thymian dazugeben. 1–2 Minuten bräunen, dann 20–25 Minuten in den vorgeheizten Backofen stellen, bis das Gemüse gar ist.

2 Während der Backzeit das übrige Öl bei schwacher Hitze in einem hohen Topf erwärmen. Die restlichen Knoblauchzehen zerdrücken und mit den Zwiebeln in den Topf geben. 1–2 Minuten glasig dünsten, dann den Wein dazugeben. Brühe bei mittlerer Hitze reduzieren, bis sie dickflüssig ist.

3 Gemüse aus dem Backofen nehmen und Öl abgießen. Thymian entfernen. Die Misobrühe zu den Zwiebeln geben und aufkochen lassen. Das Gemüse dazugeben und 5 Minuten darin ziehen lassen. Mit Salz und Pfeffer nachwürzen und mit zerpflücktem Basilikum bestreuen. In vorgewärmten Schalen mit etwas Korianderöl beträufelt servieren.

Statt Gemüse- dient hier Misobrühe (aus gekochten Sojabohnen und Reis) als Basis, die dieser an sich schon deftigen Suppe eine besondere, fernöstliche Geschmacksnote verleiht. Im Winter hat diese Suppe wärmenden Effekt, wenn man das Gemüse nicht zu klein schneidet, sondern es in größeren Stücken lässt.

STEVEN

SIMON

Von allen Gemüsen haben Wurzelgemüse am meisten Yang. Das Garen im Backofen verstärkt den Yang-Effekt und macht die Suppe zu einem hervorragenden Gericht für kalte Wintertage und kühlere Gefilde. Je dicker die Suppe, desto mehr Yang enthält sie. Durch das Andünsten des Gemüses in Öl schmeckt sie noch deftiger und herzhafter. Misobrühe oder auch Shoyusauce unterstützen den Yang-Effekt, versorgen das Blut mit Mineralstoffen und reduzieren die Magensäure. Der süße, scharfe Geschmack der Suppe stärkt die Erd- und Metallenergie.

Bei regelmäßigem Verzehr macht diese Suppe widerstandsfähiger gegen Kälte und erhöht die Ausdauer.

Säuerlicher Gemüsesalat mit jungem roten Mangold und Meerrettichöl

FÜR DEN GEMÜSESALAT

1 Karotte, geraspelt
200 g Pfifferlinge
1 Stange Lauch, fein geschnitten
1 roter Chili, entkernt, in Streifen
1 grüner Chli, entkernt, in Streifen
100 g Zuckerschoten, klein geschnitten
1 Bund Mizuna, ohne Stiele, ersatzweise Rucola
1 Bund junger roter Mangold
Salz und frisch gemahlener schwarzer Pfeffer
2 EL Meerrettichöl (S. 153)
1 Prise Paprikapulver

FÜR DIE ESSIGBRÜHE

100 ml Weinessig
150 ml Weißwein
1 EL Reissirup oder Honig

1 Eine feuerfeste Form in den Kühlschrank stellen. Die Essigbrühe in einem Topf bei mittlerer Hitze mit Karotte, Pilzen, Lauch und Chillies aufkochen. Vom Herd nehmen und die Zuckerschoten dazugeben. Die Essigbrühe abgießen und beiseite stellen. Aus dieser Brühe kann man durch Einkochen ein Salatdressing herstellen.

2 Das Gemüse sofort in der gekühlten Form verteilen und für 30–45 Minuten in den Kühlschrank stellen.

3 Das gekühlte Gemüse in eine Schüssel füllen und mit Mizuna und Mangold mischen. Mit Salz und Pfeffer würzen. Den Salat auf vier Teller verteilen und rundherum mit Meerrettichöl beträufeln.

Vor dem Servieren Paprikapulver dekorativ auf den Tellerrand und um die Salatblätter streuen.

Dieser Salat schmeckt noch viel besser, als man vermutet. Der süße, kräftige Geschmack des Gemüses und die feurigen Chillies sind genau das Richtige für alle, die es gern scharf mögen. Mit sommerlichen Blattsalaten und ein paar Cocktailtomaten lässt sich leicht ein hervorragender Sommersalat zaubern.

STEVEN

SIMON

Salate tendieren im Allgemeinen zu Yin. Frischer Rohkostsalat mit hohem Wasseranteil hat einen starken Yin-Effekt, der durch Wein, Essig und Chillies verstärkt wird. Essigbrühe ist jedoch eine Yang-Zubereitungsmethode. Je länger Gemüse darin eingelegt wird und je salziger die Brühe, desto ausgeprägter das Yang des Gemüses. Dieser Salat mit viel Wasser- und Holzenergie wirkt an heißen Sommertagen sehr erfrischend. Bei häufigem Verzehr kann er entspannend wirken.

SIMON

Durch das Grillen des Spargels wird das Yang-Chi dieses Salats kräftig erhöht. Mit Parmesankäse vermischt sättigt er noch besser und erhöht den Yang-Effekt. Dieser Salat ist besonders für gesellige Anlässe geeignet: Die Feuerenergie von Spargel fördert Ausdrucksfähigkeit und Extroviertheit. Das übrige Chi der Salatzutaten ist eher erfrischend leicht und tendiert zu Yin. Für einen Salat mit mehr Yin wird der Käse durch geriebene, in Shoyusauce und Essig eingelegte Karotten ersetzt.

Durch den leicht rauchigen Geschmack des gegrillten Spargels eignet sich dieser Salat vorzüglich als Entree. Das Rösten erhält die zarte Konsistenz des Spargels. Frischer Spargel während der Saison ist eine schlichte und doch kreative Mahlzeit, wenn er mit ein paar Tropfen Zitronen- oder Knoblauchöl (S. 153) verfeinert wird.

STEVEN

Salat mit gegrilltem Spargel und Oliventapenade

20 Stangen frischer grüner Spargel
150 ml Zitronenöl (S. 153)
4 EL Rucola, gehackt
4 EL Feldsalat, gehackt
2 EL junge Spinatblätter, gehackt
1 EL Koriandergrün, gehackt
Salz und frisch gemahlener schwarzer Pfeffer
2 EL Parmesan, gehobelt (nach Belieben)
2 EL Oliventapenade (S. 121)

1 Spargel in einen großen Topf mit kochendem Salzwasser geben und eine Minute ziehen lassen. Den Spargel herausnehmen, in kaltem Wasser abschrecken, abtropfen lassen und in eine Schüssel füllen.

2 Den Spargel mit 100 ml Zitronenöl mindestens eine halbe Stunde, aber höchstens 24 Stunden marinieren.

3 Die gehackten Salat- und Spinatblätter in eine Schüssel geben. Den Spargel aus der Marinade nehmen und die dicken Enden abschneiden. Die Enden unter den Salat mischen.

4 Eine Grillpfanne stark erhitzen. Den Spargel 1 Minute grillen, dabei einmal wenden. Mit Salz würzen.

5 Nach Belieben den Parmesan mit dem Salat vermischen und alles auf 4 Teller verteilen und mit dem restlichen Zitronenöl beträufeln. Den Spargel dazu warm mit Oliventapenade und frisch gemahlenem schwarzem Pfeffer servieren.

Kalmar-Salat

4 mittelgroße Kalmare (etwa 10 cm lang)
1 EL Sesamöl
1 Bund Mizuna, ersatzweise Rucola
1 Friséesalat
1 kleines Bund junger roter Mangold
Pflanzenöl zum Frittieren
2 EL Mehl, mit Salz und Pfeffer gewürzt

STEVEN

Kurz gebratener Kalmar ist sehr zart und schmeckt hervorragend. Dieser köstliche Salat wird schärfer, wenn er ziehen kann, am besten zwei Tage. Die knusprig frittierten Tentakeln in Kombination mit den übrigen, weichen, scharfen und kalten Zutaten machen ihn zu einer einzigartigen Gaumenfreude.

SIMON

Kalmar zählt zu den Meeresfrüchten mit relativ viel Yin und eignet sich für wärmere Gefilde, wo das Essen kühlend und erfrischend sein soll.

Kühlende Wirkung haben auch Salat, Essig, Reissirup, Sake und die hier gewählte Zubereitungsart. Chillies schaffen ein Ventil für angestaute Feuerenergie. Durch den säuerlichen Geschmack der Marinade wird der Einfluss des Holzelements verstärkt.

Dieser Salat verhilft im Allgemeinen zu Entspannung. Chilischoten hingegen wirken stimulierend, wenn man neue Energie und mehr Kreativität und Fantasie braucht.

FÜR DIE MARINADE
100 ml Reisessig
250 ml Reiswein, trockener Weißwein oder Sake
75 ml Reissirup oder Honig
Salz und frisch gemahlener schwarzer Pfeffer
Saft von 2 Limetten
1 Stange Zitronengras, in Stücken (etwa 3 cm lang)
2 Knoblauchzehen, geschält, in Ringen
1 roter Chili, entkernt, in Streifen

1 Die Zutaten für die Marinade mischen. Die Kalmare säubern, Tentakeln entfernen und beiseite stellen. Die Kalmare halbieren, gründlich waschen und jedes der acht Stücke mit einem scharfen Messer gitterartig einritzen. Die Marinade darüber gießen und 1–2 Stunden ruhen lassen.

2 Mizuna, Friséesalat und Mangold in einer Schüssel mischen und beiseite stellen.

3 Sesamöl in einer Pfanne oder einem Wok auf höchster Stufe erhitzen. Kalmar dazugeben und 2–3 Minuten leicht anbräunen. Hitze reduzieren. Kalmar mit einem Schöpflöffel herausnehmen und mit dem Salat mischen. Beiseite stellen.

4 Frittieröl erhitzen. Tentakeln in gewürztem Mehl wenden und 2 Minuten in Öl knusprig frittieren. Auf einem Küchentuch abtropfen lassen und unter den Salat mischen.

Lachs in Wodka, Blutorangen- und Limettensaft

16 dünne Scheiben roher Lachs
2 Schalotten, fein gehackt
1 Stange Lauch, sehr fein geschnitten
2 EL Wodka
Saft einer reifen Blutorange
1 TL Meersalz
frisch gemahlener schwarzer Pfeffer
Saft von 1 Limette
Mizuna oder Rucolablätter zum Garnieren

1 Den Lachs auf die Teller verteilen (vier Scheiben pro Portion). Mit fein gehackten Schalotten und Lauch bestreuen.

2 Wodka und Orangensaft mischen, in vier Portionen aufteilen und den Lachs gut damit beträufeln.

3 Lachs vor dem Anrichten mit etwas Meersalz, frisch gemahlenem schwarzem Pfeffer und Limettensaft würzen. Mit Mizuna oder Rucolablättern dekorieren und sofort servieren.

SIMON

Lachs zählt zu den lebhaften Fischarten und ist daher stark Yang. Da Lachs stromaufwärts schwimmt, hat er sehr viel Chi. Hier wird der Lachs mit Wodka, Orangensaft und Gemüse kombiniert – Zutaten, die eher Yin sind. Wodka wirkt stimulierend und verleiht dem Lachs feurige Energie.
In dieser Vorspeise sind Zutaten kombiniert, die entweder stark zu Yin oder zu Yang tendieren und daher die Kreativität anregen. Das Gedächtnis wird verbessert, der Horizont erweitert, sogar das Denken kann so verändert und kreativer werden.

STEVEN

Dieses exklusive Gericht mit exquisiten Zutaten ist etwas für besondere Anlässe! Es ist nicht ratsam, den Lachs 24 Stunden in dem Wodka-Orangensaft-Gemisch zu marinieren. Die Marinade ist so frisch und schmackhaft, dass man sie am besten kurz vor dem Servieren über den Fisch träufelt, um den runden, vollen Geschmack zu erhalten.

Krabben in Grün

Dieses Entree eignet sich vor allem, wenn man für Stimmung sorgen möchte. Krabbenfleisch ist eher Yang, doch das Yin von Gurke, Essig und Koriander überwiegt hier. Das Grün und Weiß der Zutaten verleihen dem Gericht Frische und Wasserenergie, die wiederum die Kreativität fördern.

SIMON

Man kann zwar Krabbenfleisch aus der Dose verwenden; frisch gekochtes schmeckt aber viel besser! Bei frischen Krabben zuerst das weiße Fleisch, dann das braune vom Kopf entfernen. Die cremige Substanz unter der Schale nicht verwenden. Die Gurke kann bis zu zwei Tage vor Gebrauch eingelegt werden.

STEVEN

FÜR DIE KRABBEN

1 Gurke, längs in dünne, rechteckige Streifen geschnitten (etwa 9 cm lang)
3 EL Weißweinessig
Salz und frisch gemahlener schwarzer Pfeffer
1 große Krabbe(1200–1300 g schwer), gekocht und aus der Schale gelöst, oder 600 g Krabbenfleisch aus der Dose
1 TL Ingwerpulver
2 EL Crème fraîche
1 kleines Bund Koriandergrün, gehackt oder 1 EL Koriandersamen
1 kleine Gurke

FÜR DAS DRESSING

3 EL Sherry-Essig
3 EL kaltgepresstes Olivenöl
Salz und frisch gemahlener schwarzer Pfeffer

1 Die Gurkenscheiben in eine Schüssel legen und mit Essig, Salz und Pfeffer würzen. 30 Minuten ziehen lassen.

2 Krabbenfleisch, Ingwerpulver und Crème fraîche mischen. Mit Salz und schwarzem Pfeffer würzen, Koriander dazugeben. Auf jedem Teller eine Gurkenscheibe 1 cm dick mit Krabbenfleisch belegen. Eine weitere Gurkenscheibe, eine Schicht Krabbenfleisch und abschließend eine Gurkenscheibe darauf legen. Mit einem Gemüsemesser dünne Streifen von einer kleinen Gurke abschälen und pro Portion einen halben Esslöffel zur Dekoration verwenden.

3 Für das Dressing den Sherry-Essig mit dem Olivenöl verrühren, würzen und das Gurken-Krabben-Gericht damit beträufeln. Nach Belieben auch etwas feurig-scharfe Salsa oder Orangen- und Tomatencoulis verwenden (S. 151).

Thunfischfrikadellen

2 große Kartoffeln, geschält, in Würfeln (etwa 2 cm groß)
2 rote Paprika, entkernt, in Streifen
2 gelbe Paprika, entkernt, in Streifen
2 Knoblauchzehen, geschält und grob gehackt
2 EL Olivenöl
Salz und frisch gemahlener schwarzer Pfeffer
200 g Thunfisch aus der Dose, abgetropft
2 Eigelbe
6 EL frisches Paniermehl
1 EL Pflanzenöl
1 kleines Bund Rucolablätter zum Garnieren

1 Die gewürfelten Kartoffeln in einem Topf mit Salzwasser zum Kochen bringen, weich kochen.

2 Backofen auf 200 °C vorheizen. Paprikastreifen auf ein Backblech legen, mit dem gehackten Knoblauch bestreuen, mit Olivenöl beträufeln und mit Salz und Pfeffer würzen. Im vorgeheizten Backofen (oder Backofengrill mit starker Hitze) 15 Minuten rösten, bis der Paprika weich und zart ist, dann herausnehmen und in eine Schüssel füllen. Mit Klarsichtfolie abdecken und beiseite stellen, bis sich die Haut gelöst hat.

3 Die gekochten Kartoffeln abgießen und mit etwas Olivenöl zerdrücken. Fisch und Kartoffeln in gleicher Menge in einer Schüssel mischen und würzen, dann Eigelbe einarbeiten. Wenn nötig, etwas Paniermehl für mehr Festigkeit unterrühren. Zwölf Frikadellen formen, diese in Paniermehl wälzen.

4 Pflanzenöl bei schwacher Hitze in einer Pfanne erwärmen. Fischfrikadellen darin 5 Minuten braun braten, dabei gelegentlich wenden. In der Zwischenzeit Paprika in der Mitte der Teller anrichten, dann jeweils drei Frikadellen darauf legen, mit Olivenöl beträufeln und vor dem Servieren noch mit Rucolablättern garnieren.

STEVEN

Für Frikadellen ist es nicht unbedingt nötig, frischen Thunfisch zu verwenden. Dieses Gericht ist minutenschnell und einfach zuzubereiten – nur der Paprika braucht etwas länger – und eignet sich hervorragend als Entree, das der ganzen Familie schmeckt. Besonders pikant sind die Frikadellen mit feuriger Salsa oder Orangen- und Tomatencoulis (S. 151)

SIMON

Thunfisch hat viel Yang und kann daher neue Kraft und Energie geben. Der Yang-Effekt wird durch Salz, Eigelb und die Zubereitung von Paprika im Backofen verstärkt. Das Rot der Paprikaschoten ist anregend und kann in Verbindung mit dem kräftigen Geschmack von Knoblauch motivierend wirken. Das Chi stärkt Willen und Entschlusskraft.

Wantan-Röllchen mit pikantem Gemüse

SIMON

Diese Mahlzeit ist durch das kurz in Wein, Reissirup und Essig gegarte Gemüse ein Yin-Gericht. Die Shiitake-Pilze und der geraspelte Rettich haben besonders viel Yin. Daher können sie die Blutfette reduzieren und das Frittieren ausgleichen. Bei diesem Gericht überwiegt das Holzelement.

Wantans sind hauchdünne, chinesische Teigwaren, die geradezu die Kreativität beim Kochen anregen. Sie schmecken auch gefüllt mit Enten- oder Hühnerfleisch, Tofu, Sojabohnenkeimen oder Garnelen.

STEVEN

2 kleine Zwiebeln, geschält und fein gehackt
900 g Shiitake-Pilze, fein geschnitten
8 EL Sojabohnenkeime, fein gehackt
1 großes Bund Pak Choi oder Spinat, gehackt
1 großes Bund Koriandergrün, ohne Stiele, fein gehackt
8 Frühlingszwiebeln, fein gehackt
8 Wantans (10x10 cm)
1 Eiweiß, geschlagen
Pflanzenöl zum Frittieren
2 EL Sesamöl
2 gehäufte TL Sesamsamen
2 EL Rettich, geraspelt, zum Servieren
8 EL Shoyusauce als Dip

FÜR DIE MARINADE

100 ml Weißweinessig
150 ml Weißwein
100 ml Reissirup oder Honig

1 Die Zutaten für die Marinade zum Kochen bringen. Zwiebeln, Pilze und Sojabohnenkeime dazugeben und alles nochmals aufkochen lassen, dann vom Herd nehmen. Etwa 3 Minuten abkühlen lassen, dann Pak Choi und Koriandergrün dazugeben.

2 Das Gemüse mit einem Schöpflöffel aus der Brühe nehmen und auf einem Backblech 10 Minuten in den Kühlschrank stellen.

3 Das abgekühlte Gemüse aus dem Kühlschrank nehmen, in eine Schüssel geben und Frühlingszwiebeln darunter mischen.

4 Die Wantans auf einer sauberen Unterlage ausbreiten und die Ränder mit Eiweiß bestreichen. Wantans so drehen, dass eine Ecke nach vorn zeigt, und in die Mitte einen halben Esslöffel der kalten Gemüsemischung setzen. Zuerst die vordere Ecke über das Gemüse falten, dann die Ecken links und rechts. Zum Schluss die Röllchen von vorn fest aufwickeln.

5 Pflanzenöl in einem Frittiertopf auf 175 °C erwärmen. Die gefüllten Wantans etwa 2 Minuten braun frittieren, dann aus der Fritteuse herausnehmen. Die Wantans mit etwas Sesamöl bestreichen und noch warm mit Sesamsamen bestreuen. Mit etwas geraspeltem Rettich und Shoyusauce sofort servieren oder halbiert und mit Schnittlauch garniert als Canapés servieren (s. Abbildung).

Sushi-Häppchen mit Räucherlachs

4 Scheiben Räucherlachs (etwa 100 g pro Portion)
1 TL Wasabi-Paste (S. 149)
5 EL Kleb- oder Risottoreis
1 EL Reisessig
1 Blatt Nori (24x16 cm)
1 EL Shoyusauce
Salz und frisch gemahlener schwarzer Pfeffer
4 TL Lachsrogen oder Kaviar zum Garnieren
Einige Blätter Mizuna oder Kerbel, zerpflückt

1 Die Lachsscheiben auf einem Stück Klarsichtfolie (30x30 cm) zu einem Rechteck von etwa 15x25 cm anordnen und Wasabi-Paste darauf verteilen. Im Kühlschrank aufbewahren, bis der Reis gar ist.

2 Den Reis in etwa 250 ml Salzwasser mit Reisessig zum Kochen bringen. Die Flüssigkeit bei mittlerer Hitze vollständig einziehen lassen, den Reis vom Herd nehmen und abkühlen lassen. Wenn der Reis nach Aufnahme der Flüssigkeit noch nicht ganz gar ist, zusätzlich etwa 50 ml Wasser dazugeben. (Bei zu viel Flüssigkeit klebt der Reis nicht.) Den Reis nach dem Kochen mindestens 10 Minuten ruhen lassen.

3 Das Nori-Blatt auf den Lachs legen und mit etwas Shoyusauce bestreichen, damit er weich wird, und eine Hälfte längs mit dem abgekühlten Reis bestreichen. Den Lachs von der mit Reis bestrichenen Seite fest aufrollen. Die Rolle in Klarsichtfolie eingewickelt – sie behält so ihre Form – mindestens 1 Stunde ruhen lassen.

4 Nach der Kühlzeit die Rolle in 8 Stücke von etwa 3 cm Länge aufteilen. Pro Person je zwei Stück mit der Füllung nach oben auf einen Teller setzen und mit $^1/_2$ TL Lachsrogen oder Kaviar und Mizuna oder Kerbel garnieren. Nach Belieben dazu kleine Schälchen Shoyusauce, Wasabi-Paste und eingelegten Mooli (S. 149) als Dip servieren. Die Angaben in diesem Rezept sind für acht Sushi-Häppchen berechnet, sie können aber für größere Mengen beliebig multipliziert werden.

STEVEN

Sushi-Häppchen sind frisch und intensiv im Geschmack, mit Shoyu und Wasabi-Paste schmecken sie noch herzhafter. Jedes mundgerechte Häppchen muss bei der richtigen Kombination von Würzmitteln, Art und Geschmack der Zutaten auf der Zunge zergehen. In Japan verwendet man zum Aufrollen von Sushi Bambusmatten.

Lachs zählt zu den lebhaften Fischen und enthält viel Yang, das durch die Wasabi-Paste und die Shoyusauce zusätzlich verstärkt wird. Wasabi-Paste fördert die Metallenenergie und macht den Fisch leichter verdaulich. Japanische Sushi-Meister empfehlen, rohen Fisch mit Wasabi-Paste zu kombinieren.

SIMON

Gedämpfter Kabeljau mit Pak Choi und Kürbiscoulis

FÜR DEN KÜRBISCOULIS

1 TL Safranfäden
1 großer gelber Gartenkürbis, geschält, entkernt, gehackt
100 ml klare Gemüsebrühe (S. 150)
1 EL Reissirup oder Honig
1 gestrichener TL Muskat, frisch gerieben
Salz und frisch gemahlener schwarzer Pfeffer

FÜR DEN KABELJAU UND ZUCCHINI

4 Kabeljaufilets ohne Haut (je 175 g)
8 große Blätter Pak Choi oder Spinat
2 große gelbe oder grüne Zucchini
3 EL Olivenöl

STEVEN

Fisch in Pak-Choi-Blättern ist eine kreative, reizvolle Variante. Nach Belieben kann man ihn auch mit Pilzen und Cocktailtomaten servieren. Die Sauce mit einer Kombination von Kürbis, Reissirup und Muskat ist ein Geschmackserlebnis besonderer Art.

SIMON

Kabeljau, Zucchini und Pak Choi tendieren zu Yin und ergeben ein fantasievolles Hauptgericht. Dämpfen ist eine Garmethode, die das Yin stimuliert, ermutigend und belebend wirkt und viel Energie liefert, ohne zu beschweren. Die Kürbissauce ist zwar üppig, beeinträchtigt aber nicht das Yin.

1 Für den Kürbiscoulis 250 ml Wasser erwärmen und kurz vor dem Siedepunkt Safran und Kürbis dazugeben. Den Kürbis 5–7 Minuten ziehen lassen, bis er zart ist. Aus dem Wasser nehmen und in der Küchenmaschine pürieren, dann durch ein Sieb streichen. Heiße Gemüsebrühe, Reissirup und Muskat darunter rühren, würzen und beiseite stellen.

2 Für den Kabeljau etwas Wasser zum Kochen bringen. Den Kabeljau in die Pak-Choi-Blätter wickeln und in einem Einsatz in den Topf hängen – das Wasser darf den Fisch nicht berühren –, würzen und 8–10 Minuten dämpfen, anschließend warm stellen. (Alternativ im Backofen bei 200 °C in 150 ml Weißwein schmoren.)

3 Mit einem Zestenreißer feine Streifen von den Zucchini abschälen, dann die Zucchini schräg aufschneiden. Die Scheiben in einer heißen Pfanne mit Olivenöl bei mittlerer Hitze eine halbe Minute anbraten. Die Zucchinistreifen dazugeben, nochmals $^1/_2$ Minute braten, dann mit Salz würzen.

4 Die Zucchinicheiben portionsweise anrichten, den Kabeljau darauf legen und mit Zucchinistreifen garnieren. Den Kürbiscoulis würzen und um die Zucchinischeiben verteilen.

Pochierter Wildlachs in Miesmuschelsauce mit Safran

FÜR DIE SAUCE

1 TL Olivenöl

2 Schalotten, geschält und gehackt

2 Knoblauchzehen, geschält und gehackt

1 gestrichener TL Safranfäden

450 g Miesmuscheln, gesäubert und gewaschen

150 ml trockener Weißwein

125 g gekühlte Butter, in Würfeln (etwa 2 cm groß)

Salz und frisch gemahlener schwarzer Pfeffer

FÜR DEN LACHS AUF SPINAT

500 ml Fischbrühe (S. 150)

3 Blüten Sternanis

4 Scheiben Wildlachs (je 125 g)

$^1/_2$ EL Sonnenblumenöl

250 g Spinat

Salz

1 Prise Muskat, frisch gerieben

4 EL ofengetrocknete Tomaten (S. 152), gehackt

1 Für die Sauce Öl in einem großen Topf auf mittlerer Stufe erhitzen, Schalotten, Knoblauch, Safran, Muscheln und Wein zugeben. Unter Rühren 5–7 Minuten kochen. Bedeckt weitere 2–3 Minuten bei schwacher Hitze kochen lassen.

2 Die Muscheln mit einem Schöpflöffel herausnehmen, nicht weiter verwenden. Kalte Butter in die Sauce rühren, wenn nötig, würzen. Beiseite stellen.

3 Fischbrühe mit Sternanis zum Kochen bringen. Fisch dazugeben, aber die Brühe nicht mehr aufkochen lassen. Den Lachs von jeder Seite 2 Minuten darin pochieren, herausnehmen und beiseite stellen. Die Pochierflüssigkeit nach Belieben aufbewahren.

4 Spinatblätter bei mittlerer Hitze in einer Pfanne in heißem Sonnenblumenöl 1 Minute schwenken, bis die Blätter zusammenfallen. Mit Salz und einer Prise Muskat würzen, dann vom Herd nehmen. Den Lachs portionsweise auf einer Lage Spinat anrichten und mit den erwärmten, ofengetrockneten Tomaten belegen. Die Sauce darüber löffeln und servieren. Die Angaben beziehen sich auf 4 Portionen.

Lachs und Shoyusauce sind Yang und können Kraft und neuen Schwung verleihen. Da die Tomaten ofengetrocknet sind, enthalten sie zusätzliches, kräftiges Yang, während Wein und Gemüse erfrischendes Yin liefern. Das Pochieren erhöht die Wasser- und Holzenergie.

SIMON

Wildlachs schmeckt völlig anders als Zuchtlachs. Er hat einen seidigen, zarten Geschmack und wird schonend zubereitet, am besten pochiert oder gedünstet. Zuchtlachs schmeckt erdiger; die Sauce dazu wird mit den Muscheln zusammen ähnlich wie ein Eintopf zubereitet.

STEVEN

Junge Tauben sind fleischiger, zarter, aber auch etwas teurer als die ihnen verwandten Ringeltauben, da sie speziell gezüchtet und mit Mais gefüttert werden. Das Fleisch sollte höchstens rare oder medium sein, damit es zart bleibt.

STEVEN

Je weniger angriffslustig ein Tier, desto mehr Yin enthält es. Schonende Zubereitung, Apfelwein, Gemüse und Portwein tendieren zu Yin. Wer nicht gerade Vegetarier ist, findet dieses Gericht köstlich.

SIMON

Pochiertes Täubchen auf Apfelkohl mit Portweinsauce

1,4 l Hühnerbrühe (S. 150)
2 Blüten Sternanis
1 kleines Bund Thymian
1 großer Kohlkopf, fein geraspelt
400 ml trockener Apfelwein
2 Äpfel, geschält, entkernt, in Würfeln (etwa 1 cm groß)
1 EL Fenchelsamen
4 junge Tauben
Salz und frisch gemahlener schwarzer Pfeffer
150 ml Portwein
Pflanzenöl zum Frittieren
2 kleine Rote Beten, fein geraspelt und frittiert (S. 149)

1 Brühe in einem großen Topf auf mittlerer Stufe erwärmen. Sternanis und Thymian dazugeben und aufkochen lassen. Die Kräuter herausnehmen und die Brühe warm halten.

2 Backofen auf 170 °C vorheizen. Den Kohl in eine Auflaufform füllen, mit Apfelwein und Apfelwürfeln bedecken. 400 ml Hühnerbrühe und Fenchelsamen dazugeben. 1 Stunde im vorgeheizten Backofen schmoren.

3 In der Zwischenzeit Taubenfüße entfernen und das Taubenfleisch innen und außen würzen. Im Topf mit der restlichen Brühe 7 Minuten bei schwacher Hitze kochen, dann herausnehmen. Zugedeckt in einer Schüssel ruhen lassen. Die Brühe beiseite stellen.

4 Den Kohl abgießen und in eine Schüssel füllen. Die Kochflüssigkeit in einem Topf bei mittlerer Hitze dickflüssig einkochen lassen, dann über den Kohl gießen, das Ganze würzen und beiseite stellen.

5 Für die Sauce 250 ml der Brühe zur Hälfte reduzieren. Den Portwein dazugeben und das Ganze nochmals 5 Minuten dickflüssig einkochen lassen.

6 Taubenfleisch in der restlichen Brühe bedeckt bei starker Hitze 2 Minuten pochieren. Beim Herausnehmen soll das Fleisch innen noch rosa sein. Brust abtrennen. Pro Portion 2 Taubenbrüstchen auf etwas Kohl anrichten. Die Portweinsauce um das Fleisch herum verteilen, Täubchen mit frittierten Rote-Bete-Raspeln obenauf servieren.

Entenfleisch ist schwerer und fester als Taubenfleisch und hat daher mehr Yang-Energie, die durch Grillen intensiviert wird. Es empfiehlt sich, wenn man mehr Ausdauer braucht. Bohnen und Nudeln bieten auch mehr Yang als Salat. SIMON

STEVEN Das volle, exotische Aroma von Mango und Chillies verstärkt den herzhaften Geschmack von saftiger Entenbrust. Zu Ente kann man auch grünes Gemüse oder Salat reichen.

Gegrillte Entenbrust mit Mango-Bohnensauce

FÜR DIE MARINADE

1 EL Tomatenketchup
100 ml Weißweinessig
150 ml Weißwein
150 ml Olivenöl
1 Hand voll Koriandergrün, gehackt

FÜR DIE ENTE MIT SAUCE

4 Entenbrüste (je 175–200 g)
100 ml Hoisin-Sauce
50 g eingelegte, schwarze Bohnen, abgetropft
200 ml Rotwein
400 ml Hühnerbrühe (S. 150)
250 g Reisnudeln, vorgekocht
1 EL Sesamöl
1 Bund frischer Salbei
1 roter und 1 grüner Chili, entkernt
$^{1}/_{2}$ EL Koriandersamen
Saft von 2 Limetten
1 Mango, geschält und gewürfelt

1 Ketchup, Essig und Weißwein in einem Topf mischen und Olivenöl einrühren. Auf höchster Stufe zum Kochen bringen, dann Koriander unterrühren. Nach dem Abkühlen der Marinade die Entenbrust in eine Schüssel legen und mit der Marinade übergießen. Für 2–24 Stunden bedeckt im Kühlschrank ruhen lassen.

2 Backofen auf 200 °C vorheizen. Hoisin-Sauce und schwarze Bohnen in einer Schüssel mischen und beiseite stellen. Rotwein und Brühe aufkochen und 15–25 bei schwacher Hitze kochen, bis die Mischung dickflüssig ist. Die Hitze reduzieren und die Bohnenmischung dazugeben. Warm halten, während die Entenbrust zubereitet wird.

3 Eine Grillpfanne sehr stark erhitzen. Entenbrust darin 2 Minuten von beiden Seiten anbraten. Aus der Pfanne nehmen und mit der Haut nach unten auf ein warmes Backblech legen. Im Backofen 5–7 Minuten bräunen, dann herausnehmen und vor dem Halbieren 2 Minuten ruhen lassen.

4 Sesamöl im Wok auf höchster Stufe erhitzen, dann die Nudeln, die Hälfte der Salbeiblätter und Chillies sowie Koriandersamen und Limettensaft dazugeben. 1–2 Minuten unter Rühren anbraten, dann auf 4 Teller verteilen. Restliche Chillies und Salbeiblätter mit den Mangowürfeln in die Bohnensauce rühren. Entenbrusthälften auf die Nudeln legen, Bohnensauce darüber gießen und servieren.

Marokkanisches Huhn im Kokosmantel

FÜR DEN KOKOSMANTEL

4 EL Paniermehl
2 EL Petersilie, frisch gehackt
$^{1}/_{2}$ EL Kreuzkümmel
4 EL Kokosflocken
80 g Butter
Salz und frisch gemahlener schwarzer Pfeffer

FÜR DEN COULIS

1 EL Olivenöl
2 Schalotten, geschält und gehackt
3 Knoblauchzehen, geschält und zerdrückt
150 ml Weißwein
1,8 kg reife Tomaten, geviertelt
3 Orangen, geschält und klein geschnitten
2 rote Chillies, entkernt, in Streifen
Salz und frisch gemahlener schwarzer Pfeffer

FÜR DAS COUSCOUS

250 g Couscous
1 EL Nelkenpfeffer oder Fünf-Gewürze-Pulver
1 TL Ingwerpulver
1 grüner Chili, entkernt, in Streifen
300 ml Hühnerbrühe (S. 150)

FÜR DAS HUHN

1 EL Olivenöl
Salz und frisch gemahlener schwarzer Pfeffer
4 Hühnerbrüste (je 175–200 g), ohne Haut

1 Paniermehl, Petersilie, Kreuzkümmel, Kokosflocken und Butter in der Küchenmaschine zu einem knetbaren Teig verarbeiten. Würzen und beiseite stellen. Für den Coulis das Öl auf mittlerer Stufe erhitzen, Schalotten und Knoblauch dazugeben, 2 Minuten anbraten. Wein, Tomaten- und Orangenstückchen sowie Chillies unterrühren und 30 Minuten bei schwacher Hitze kochen.

2 Couscous mit Fünf-Gewürze-Pulver, Ingwer und Chili in einer feuerfesten Form mischen. Heiße Hühnerbrühe über das Couscous gießen. 10 Minuten ruhen lassen.

3 Backofen auf 200 °C vorheizen. Hühnerbrüste würzen und auf jeder Seite 2 Minuten in Öl anbraten, dann für 10 Minuten in den Backofen geben.

4 Den Coulis vom Herd nehmen und im Mixer pürieren. Durch ein Sieb streichen, würzen und beiseite stellen.

5 Hühnerbrüste aus dem Backofen nehmen, etwas abkühlen lassen. Die Kokosmasse auf die Fleischteile streichen, weitere 4–5 Minuten im Backofen überbacken. Je eine Hühnerbrust auf eine Portion Couscous setzen. Die Sauce um das Couscous gießen und servieren.

Hühnerfleisch, Couscous und Tomaten sind Yin-Zutaten. Für noch mehr Yin kann man das Hühnerfleisch durch Riesengarnelen oder Scampi ersetzen.

SIMON

Der Kokosmantel ist schnell und einfach gemacht und verleiht dem Hühnerfleisch eine interessante Geschmacksnote, die gut zu scharfem Coulis und weichem Couscous passt.

STEVEN

Reh mit Kartoffeltürmchen

FÜR DIE SAUCE
150 ml Wildfleischbrühe (S. 150)
100 ml Rotwein
$^1/_2$ EL Kardamomkapseln
Saft von 1 Orange
FÜR DIE KARTOFFELN
1 kg Kartoffeln, geschält
2 Eigelbe
Salz und frisch gemahlener schwarzer Pfeffer
3 EL Mehl
1 Ei, mit etwas Milch verquirlt
8 EL Paniermehl (aus Weißbrot)
Pflanzenöl zum Frittieren
FÜR DAS WILD
1 EL Traubenkern- oder Olivenöl
4 Rehsteaks (je 175–200 g)
Salz und frisch gemahlener schwarzer Pfeffer
FÜR DEN KOHL
1 mittelgroßer Kopf Grünkohl oder Wirsing, geschnitten
1 EL Olivenöl
1 TL Trüffelöl
Salz und frisch gemahlener schwarzer Pfeffer

1 Die Wildfleischbrühe (S. 150) einen Tag im Voraus zubereiten, das Fett vor Gebrauch abschöpfen.

2 Kartoffeln 20 Minuten in Salzwasser garen, abgießen und zerdrücken. Eigelbe einrühren, würzen. Aus der Masse vier Türmchen formen. In Mehl, verquirltem Ei und Paniermehl wälzen. Für 10 Minuten kühl stellen.

3 Brühe, Wein und Kardamomkapseln aufkochen. Bei schwacher Hitze etwas reduzieren, vom Herd nehmen, Orangensaft unterrühren und beiseite stellen.

4 Backofen auf 220 °C vorheizen. Fleisch in 1 EL Öl von jeder Seite 1 Minute anbraten, würzen. Im Backofen in 5–7 Minuten innen rosa braten.

5 Kohl 30 Sekunden blanchieren, kalt abschrecken. Oliven- und Trüffelöl im Wok erhitzen. Kohl 1 Minute unter Rühren braten, würzen und abgießen. Kartoffeltürmchen 2–3 Minuten bei 170 °C frittieren. Rehsteaks aus dem Backofen nehmen, 1 Minute ruhen lassen, dann jedes Stück in 3–4 dünne Scheiben schneiden und portionsweise auf dem Kohl mit je einem Kartoffeltürmchen anrichten. Die Sauce durch ein Sieb gießen, um das Fleisch verteilen.

STEVEN

Rehrücken ist mager, zart und schmeckt vorzüglich. Allerdings muss das Fleisch schonend zubereitet werden; es sollte innen saftig und rosa sein. Am besten ist das Fleisch von Wildtieren; Zuchtfleisch ist eher mehlig und nicht so aromatisch.

Rehe sind flinke Tiere, daher ist ihr Fleisch Yang. Kombiniert mit Ei und Salz ergibt sich ein herzhaftes Yang-Gericht. Wein, Orangensaft und Gemüse hingegen steuern Yin bei. Frei lebende Tiere haben ein gesünderes Chi als Zuchttiere, die unter unnatürlichen Bedingungen aufgezogen werden.

SIMON

Grüne Lasagne mit Wildpilzen und Pimentöl

STEVEN

Bei Wald- oder Wiesenpilzen kommt es auf die Mischung an. Frisch sind sie sehr aromatisch, aber teuer, während gezüchtete Pilze weniger Aroma haben, aber billiger sind. Zuchtpilze schmecken intensiver, wenn man einige getrocknete Pilze (etwa Porcini) zugibt. Jeweils die halbe Menge verwenden und in warmem Wasser 10–15 Minuten einweichen.

450 g verschiedene Wildpilze
125 g Shiitake-Pilze
$^1/_2$ EL leichtes Olivenöl
3 Schalotten, fein gehackt
3 Knoblauchzehen, geschält und gehackt
75 ml Madeira oder trockener Sherry
2 EL Estragon, fein gehackt
Salz und frisch gemahlener schwarzer Pfeffer
225 g Frischkäse
12 grüne Lasagneblätter (etwa 13x7,5 cm)
1 EL kaltgepresstes Olivenöl
4 EL Parmesan, gehobelt
2 EL Pimentöl (S. 153)

Pilze gehören zu den Gemüsearten mit sehr viel Yin. Madeira ist ebenfalls Yin. Beides wird hier für ein leichtes Yin-Nudelgericht kombiniert. Das Yin wird zusätzlich verstärkt, wenn man statt des Parmesans geraspelte, 2 Stunden in Essig eingelegte Karotten verwendet. Dadurch wird das Holzelement betont.

SIMON

1 Pilze verlesen und mit einem feuchten Tuch sauber abreiben, nicht unter fließendem Wasser waschen, um das Aroma zu erhalten. Größere Pilze halbieren.

2 Olivenöl in einer großen Pfanne bei schwacher Hitze erwärmen. Schalotten und Knoblauch 1 Minute andünsten, Pilze dazugeben und nochmals 2–3 Minuten dünsten. Gelegentlich umrühren, um Ansetzen zu verhindern.

3 Sherry zufügen und alles gut umrühren. Mit Estragon, Salz und schwarzem Pfeffer würzen. Das Gemüse aus der Pfanne nehmen und 1–2 Minuten abkühlen lassen, dann den Frischkäse unterrühren.

4 Lasagneblätter mit 1 EL kaltgepresstem Olivenöl in kochendem Salzwasser 2 Minuten ziehen lassen, dann abtropfen lassen.

5 Die Lasagne in vier Portionen teilen. Beginnend mit einem Lasagneblatt Pilze zwischen die Lasagneblätter schichten, auf das oberste zusätzlich etwas gehobelten Parmesan streuen und 2 Minuten unter dem Grill schmelzen lassen. Vor dem Servieren die Lasagne mit Pimentöl beträufeln und mit frisch gemahlenem schwarzem Pfeffer bestreuen.

Tofu im Backteig mit deftigem Gemüse-Nudel-Eintopf

750 ml klare Gemüsebrühe (S. 150)
100 ml Shoyusauce
1 EL Hoisin-Sauce
1 TL Ingwer, gerieben
125 g Somen (Buchweizennudeln)
4 Frühlingszwieblen, halbiert
1 roter Chili, entkernt, in Streifen
1 grüner Chili, entkernt, in Streifen
150 g Shiitake-Pilze, fein geschnitten
3 EL eingelegtes Gemüse (S. 149)
Frisch gemahlener schwarzer Pfeffer

FÜR DEN TOFU IM BACKTEIG

2 Eiweiße
Saft von 1 Zitrone
2 EL Maismehl, gesiebt
Salz und frisch gemahlener schwarzer Pfeffer
Pflanzenöl zum Frittieren
225 g Tofu, in Würfeln (etwa 2,5 cm groß)
Koriandergrün oder glatte Petersilie (nach Belieben)

1 Die Gemüsebrühe aufkochen lassen. Shoyusauce, Hoisin-Sauce und Ingwer einrühren, dann die Nudeln zugeben und 4–6 Minuten ziehen lassen, bis sie bissfest sind.

2 Frühlingszwiebeln, Chillies, Pilze und eingelegtes Gemüse mit etwas von der Flüssigkeit mischen und 3–4 Minuten ziehen lassen, dann mit schwarzem Pfeffer würzen. Sollte die Brühe durch die Shoyusauce zu salzig werden, mit 100 ml Rotwein neutralisieren. Brühe beiseite stellen und zum Warmhalten abdecken.

3 Für den Backteig Eiweiß zu Schnee, aber nicht ganz steif schlagen und Zitronensaft unterrühren. Maismehl und etwas Wasser einarbeiten, bis der Teig zähflüssig ist, dann würzen. Pflanzenöl in einer Pfanne oder einem Frittiertopf auf 175 °C erhitzen. Die Tofuwürfel in den Teig tauchen, dann im heißen Öl 1–2 Minuten goldbraun frittieren und abtropfen lassen. Den Gemüse-Nudel-Eintopf auf vier Suppenteller verteilen, mit Tofuklößchen und nach Belieben mit Koriander oder Petersilie servieren.

Die Tofuwürfel sollten knusprig sein und „Biss" haben. Der Eintopf hat einen süßlichen, aber scharfen Geschmack. Die Gemüsebrühe kann durch Misobrühe ersetzt werden (S. 150), auch pochierter oder gedünsteter Fisch eignet sich als Einlage.

STEVEN

Dieser Eintopf tendiert zu Yang und ist stärkend und wärmend. Japanische Somen werden aus Buchweizen hergestellt, der oft unter extremen klimatischen Bedingungen angebaut wird. Daher sind Somen stärker Yang als andere Nudelsorten. Eingelegtes Gemüse liefert zusätzliches Yang. Je länger das Gemüse eingelegt wird, desto stärker das Yang. Kräftiges Würzen macht den Eintopf scharf. Wenn vor dem Servieren etwas geriebener Ingwer zugefügt wird, wirkt er belebend.

SIMON

Risottoküchlein mit Ziegenkäse und feuriger Salsa

STEVEN

Feurige Salsa besteht aus einer Mischung von Chillies, Tomaten, Mangos und Gewürzen. Ziegenkäse kann man nach Belieben durch Blauschimmelkäse oder Parmesan ersetzen, denn er ist nicht jedermanns Geschmack.

SIMON

Koriander, leichtes Olivenöl und feurige Salsa sind Yin-Zutaten. Kochen und Braten sind mehr Yin als Backen und Schmoren. Dieses Gericht kann die Ausdauer stärken, wenn es regelmäßig gegessen wird; es enthält alle fünf Elemente zu fast gleichen Teilen. Vorzüglich als leichte Mahlzeit, als Imbiss für zwischendurch und zum Mitnehmen für unterwegs.

3 EL leichtes Olivenöl
200 g Pancetta, klein geschnitten
3 Schalotten, geschält und fein gehackt
2 Knoblauchzehen, geschält und fein gehackt
450 g Risottoreis (Carnaroli oder Arborio)
1,4 l klare Gemüsebrühe (S. 150) oder Wasser
1 Bund Koriandergrün, gehackt
Salz und frisch gemahlener schwarzer Pfeffer
2 gehäufte EL Tahin
225 g Ziegenkäse, gerieben
2 Eier, verquirlt
300 g frisches Paniermehl
4 EL feurige Salsa (S. 151)

1 Ein Backblech (30 x 30 x 2,5 cm) mit Backpapier auslegen. Pancetta, Schalotten und Knoblauch in 1 EL heißem Öl in einem schweren Topf bei mittlerer Hitze dünsten, Reis dazugeben. Einen Schöpflöffel von der erwärmten Gemüsebrühe in den Topf geben. Wenn die Brühe aufgesogen ist, eine weitere Kelle dazugeben. Diesen Vorgang wiederholen, bis der Reis die ganze Brühe aufgenommen hat und aufgequollen ist. Reis während der Zubereitung häufig umrühren.

2 Koriander unterrühren, den Reis mit Salz und schwarzem Pfeffer würzen. Vom Herd nehmen, Tahin und die Hälfte des Ziegenkäses einrühren. Die Masse auf ein Backblech häufen und mit einem Löffel glatt streichen. 2 Stunden im Kühlschrank ruhen lassen. Danach mit einer runden Ausstechform (7 cm Durchmesser) acht Kreise ausstechen, beidseitig mit verquirltem Ei bestreichen und in Paniermehl wenden.

3 Backofen auf 200 °C vorheizen. Das übrige Öl in einer Pfanne bei mittlerer Hitze erwärmen. Die Küchlein 1 Minute von beiden Seiten goldbraun braten, dann im vorgeheizten Backofen noch 5–6 Minuten backen. Mit Ziegenkäse bestreuen und unter dem Grill kurz gratinieren. Mit feuriger Salsa servieren.

Geschmorter Reis
in Rotwein mit Kürbis

$2\frac{1}{2}$ EL leichtes Olivenöl
2 kleine Kürbisse, entkernt und halbiert
1 roter Paprika, entkernt, in Streifen
2 Knoblauchzehen, geschält und zerdrückt
1 rote Zwiebel, geschält, in feine Ringe geschnitten
450 g Naturreis
150 ml klare Gemüsebrühe (S. 150) oder Wasser
300 ml Rotwein
Salz und frisch gemahlener schwarzer Pfeffer

1 Backofen auf 200 °C vorheizen. Die Kürbishälften innen und an den Rändern mit $\frac{1}{2}$ EL Olivenöl bestreichen. Mit Alufolie abdecken und im vorgeheizten Backofen $1\frac{1}{2}$ Stunden backen, bis das Fleisch zart und weich ist. Warm halten, bis der Reis gar ist.

2 Inzwischen das restliche Olivenöl in einer Kasserolle bei mittlerer Hitze erwärmen, dann Pfeffer, Knoblauch und Zwiebel darin andünsten. Backofen auf 150 °C zurückschalten.

3 Bei schwacher Hitze den Reis, die Gemüsebrühe (das Wasser) und die Hälfte des Rotweins zu Knoblauch und Zwiebel in die Kasserolle geben, dann mit Salz würzen. Bedeckt im vorgeheizten Backofen 20 Minuten schmoren.

4 Kasserolle aus dem Backofen nehmen und restlichen Rotwein einrühren, dann nochmals 15 Minuten schmoren lassen. Die Kasserolle wieder aus dem Backofen nehmen und ruhen lassen, bis der Reis den Wein vollständig aufgenommen hat. Pro Portion eine Kürbishälfte mit etwas Reis in der Mitte anrichten und sofort servieren.

STEVEN

Backen oder Braten geben Kürbis ein süßes, weiches Aroma, das vorzüglich zu leicht säuerlich schmeckendem Reis passt. In Rotwein geschmort ist Reis besonders saftig und pikant. Er eignet sich sehr gut als Beilage für ein kleines Abendessen an kälteren Tagen.

SIMON

Alle Zutaten in diesem Gericht tendieren zu Yang, außer Paprika und Wein. Naturreis ist ein Yang-Getreide. Das Yang wird durch das Schmoren im Backofen verstärkt – je länger, desto mehr Yang. Dieses Gericht eignet sich zur Stärkung des Immunsystems gegen Erkältungen im Winter. Von den fünf Elementen überwiegt hier die Metallenergie.

Gemüse im Backteig mit Shoyu-Dip

FÜR DAS GEMÜSE

1 Karotte, geschält
8 Blumenkohl- oder Brokkoliröschen
8 kleine Maiskölbchen
1 roter Paprika
1 TL Muskat
1 TL Nelkenpfeffer
1 TL Ingwerpulver
1 TL frisch gemahlener schwarzer Pfeffer
Pflanzenöl zum Ausbacken

FÜR DEN BACKTEIG

2 Eiweiße
Saft von 1 Zitrone
2 EL Maismehl
Salz und frisch gemahlener schwarzer Pfeffer

FÜR DEN DIP

50 ml Shoyusauce
1 TL Reisessig
1 TL Ingwer, gerieben
1 roter Chili, entkernt, in Streifen (nach Belieben)
1 grüner Chili, entkernt, in Streifen (nach Belieben)
1 TL Rettich, gerieben

1 Die Karotte in Streifen schneiden (7 cm lang, 1 cm dick) und mit Blumenkohl (Brokkoli) und Maiskölbchen 2 Minuten in siedendem Wasser blanchieren, dann abschrecken, abtrocknen und in einer Schüssel beiseite stellen. Die Paprika in Streifen schneiden und dazugeben. Alles mit Muskat, Nelkenpfeffer, Ingwerpulver und Pfeffer würzen und gut mischen.

2 Für den Backteig die Eiweiße zu Schnee, aber nicht steif schlagen. Zitronensaft und Maismehl mit etwas Wasser unterrühren, bis eine zähe Masse entsteht. Den Teig würzen.

3 Das Pflanzenöl im Wok oder Frittiertopf auf 175 °C erhitzen. Je 4–5 Gemüsestücke zuerst in den Teig tauchen, dann im Öl 2 Minuten goldbraun backen, herausnehmen und auf Küchenpapier abtropfen lassen. Vorgang wiederholen, bis Teig und Gemüse verbraucht sind.

4 Alle Zutaten mit Ausnahme des Rettichs für den Dip mischen. Zum Schluss geriebenen Rettich auf den Dip geben. Das Gemüse im Backteig auf einem großen Teller um ein Schälchen mit Dip herum anrichten.

STEVEN

Knackiges Gemüse in knusprigem Backteig mit scharfer Shoyusauce verleiht diesem Snack eine besondere Note. Zum Ausbacken eignet sich fast jedes Gemüse, das sich farblich von den anderen Gemüsesorten abhebt, etwa roter Paprika.

SIMON

Mais und Blumenkohl sind Yin, ebenso wie schnelles Garen durch Ausbacken. In der Teighülle behält das Gemüse seine Nährstoffe und Frische. Geriebener Rettich macht Fett besser verdaulich; geriebener Ingwer stimuliert die Durchblutung. Diese Köstlichkeit empfiehlt sich, wenn man den Energiefluss im Körper steigern, wärmere Hände und Füße bekommen und innerlich entspannen will.

SIMON

Kohl ist ein herzhaftes Yang-Gemüse, das bei zunehmender Garzeit noch stärker zu Yang tendiert, ganz besonders, wenn es im Backofen geschmort wird. Salz sollte man aus dem gleichen Grund möglichst sparsam verwenden. Rosinen und Essig sind aber Yin-Zutaten und schaffen eine Balance. Süß und sauer betonen jeweils das Erd- und Holzelement.

Geschmorter Kohl ist ein ideales Wintergericht, das die Abwehrkräfte stärkt.

Auch wer Kohlgerichte nicht unbedingt schätzt, wird bei dieser sehr nährstoffreichen Zubereitung vielleicht auf den Geschmack kommen. Rosinen und Zimt sorgen für zusätzliches Aroma, ohne die Konsistenz zu verändern. Diese süß-saure Kombination ist etwas Besonderes!

STEVEN

Süß-saures Schmorgemüse mit Rosinen und Zimt

1 mittelgroßer Wirsing
1 TL Muskat, frisch gerieben
3 EL Weißweinessig
60 g Rosinen
1 TL Zimt
2 EL Gerstenmalz oder Honig
350 ml klare Gemüsebrühe (S. 150)
Salz und frisch gemahlener schwarzer Pfeffer

1 Backofen auf 150 °C vorheizen. Den Wirsing putzen; dabei den Strunk entfernen, ohne den Kohl zu beschädigen. Den Kohl in möglichst lange, 1 cm dicke Streifen schneiden und in eine feuerfeste Form füllen. Muskat, Essig, Rosinen, Zimt und Gerstenmalz oder Honig darunter mischen.

2 Die Gemüsebrühe aufkochen und über den Kohl gießen, so dass er bedeckt ist. Salzen und mit Alufolie abdecken. Im vorgeheizten Backofen 30 Minuten schmoren, gelegentlich umrühren. Aus dem Backofen nehmen und vor dem Servieren mit schwarzem Pfeffer bestreuen.

Gemüse, Minze, Sirup und die schnelle Garmethode für dieses Gericht sind Yin. Tahin enthält viele Mineralstoffe, ist gesund und bietet eine Yin-Zubereitungsart für cremige Speisen. Dieses leichte, frische Gemüse fördert die Holzenergie und verhilft an einem heißen Sommertag zu Gelassenheit und Entspannung. Außerdem kann es Kreativität und Fantasie unterstützen.

SIMON

STEVEN

Frische Erbsen schmecken unvergleichlich gut, doch tiefgekühlte aus organischem Anbau stehen ihnen nicht viel nach. Da diese Beilage ohne Butter, Mehl und Milch, stattdessen mit Tahin gebunden wird, ist sie leicht, gesund und dennoch cremig. Das Gemüse schmeckt besonders gut zu Fisch und Fleisch.

Junge Erbsen „à la française"

500 ml klare Gemüsebrühe (S. 150)
1 EL leichtes Pflanzenöl (etwa Sonnenblumenöl)
8 kleine Schalotten, geschält und fein gehackt
900 g frische oder tiefgekühlte Erbsen
150 ml Tahin oder Sahne
Frische Minze
4 gehäufte EL römischer Salat, geschnitten
1 EL Honig
Salz und frisch gemahlener schwarzer Pfeffer

1 Die Gemüsebrühe bei mittlerer Hitze bis zum Siedepunkt erwärmen. Öl in einem großen Topf leicht erhitzen, Schalotten 1–2 Minuten darin andünsten. Heiße Gemüsebrühe und Erbsen dazugeben und 5 Minuten ziehen lassen.

2 Tahin oder Sahne unter das Gemüse rühren. Minze und Salatstreifen darunter mischen, dann vom Herd nehmen. Mit Honig, Salz und Pfeffer würzen. Sofort servieren.

Geschmortes Wurzelgemüse
mit frischem Thymian

2 mittelgroße Karotten
1 mittelgroße Pastinake
1 mittelgroße Kohlrübe
1 mittelgroße Fenchelknolle
4 Knoblauchzehen
1 EL Pflanzen- oder Traubenkernöl
1 frischer Thymianzweig
$^{1}/_{2}$ EL Reissirup oder Honig
Salz und frisch gemahlener schwarzer Pfeffer
100 ml trockener Weißwein

1 Backofen auf 200 °C vorheizen. Das Gemüse schälen und in dicke Stücke schneiden (etwa 5 x 2 cm). Knoblauchzehen dagegen nicht schälen.

2 Öl in einer feuerfesten Form bei mittlerer Hitze erwärmen und das Gemüse leicht darin bräunen. Thymian und Reissirup dazugeben und gut umrühren. Mit Salz und Pfeffer würzen und mit Wein aufgießen.

3 Die Form in den vorgeheizten Backofen stellen und das Gemüse 20 Minuten schmoren. Dabei gelegentlich umrühren und wenden, damit nichts ansetzt.

4 Die Form aus dem Backofen nehmen und das Gemüse auf einer vorgewärmten Platte anrichten, mit dem Thymian garnieren und sofort servieren.

SIMON

Wurzelgemüse tendiert immer zu Yang, und die Zubereitung im Backofen verstärkt das Yang. Für noch mehr Yang wird die Backzeit verlängert und zusätzlich gesalzen. Reissirup, Wein und Thymian gleichen das Yang aus, für mehr Ausgewogenheit kann man diese Zutaten gezielt verwenden, besonders wenn man vor schweren oder unbekannten Situationen steht.

STEVEN

Durch Schmoren im Backofen schmeckt Wurzelgemüse süßer und bekommt eine angenehm feste Konsistenz, die gut zum natürlichen Aroma passt. Reissirup ist ein gesundes, biologisches Süßmittel, das man nach Belieben durch Honig ersetzen kann.

Couscous mit Brunnenkresse und Joghurtdressing

FÜR DAS COUSCOUS
125 g Couscous
$^{1}/_{2}$ TL Japangewürz
$^{1}/_{2}$ TL Muskat
100 ml Gemüsebrühe (S. 150)
FÜR DEN SALAT
50 g Naturjoghurt
Saft von 1 Limette
1 EL Basilikum, frisch gehackt
1 EL Minze, fein gehackt
$^{1}/_{2}$ gelber Chili (etwa Jalapeño), fein gehackt
$^{1}/_{4}$ Gurke, in dünnen Scheiben
2 Hand voll Brunnenkresse, gewaschen
Meersalz und frisch gemahlener weißer Pfeffer
50 g Pinienkerne, geröstet

1 Couscous in einer feuerfesten Schüssel mit Japangewürz und Muskat mischen. Die Gemüsebrühe aufkochen lassen, dann über das Couscous gießen. Das Couscous 10 Minuten quellen lassen, bis die Brühe aufgesogen ist. Mit einer Gabel auflockern und abkühlen lassen.

2 Joghurt mit Limettensaft in einer Schüssel verrühren und mit Basilikum, Minze, gehacktem Chili, Gurke und Couscous mischen. Brunnenkresse vorsichtig unterheben – sie soll nicht eingerührt werden, da sie sonst schlaff wird. Mit Salz und weißem Pfeffer würzen. Vor dem Servieren auf vier Teller verteilen und mit gerösteten Pinienkernen bestreuen.

SIMON

Gurken, Limetten und Brunnenkresse kombiniert mit Couscous (Getreide mit viel Yin) – eine stark zu Yin tendierende Mahlzeit. Von allen Milchprodukten ist Joghurt am ehesten Yin. Das Yin wird auch durch die leichte Garmethode verstärkt. Bei diesem Salat überwiegen die Elemente Metall, Wasser und Holz – ideal, wenn man sich entspannen und zur Ruhe kommen will.

STEVEN

Dieser frische Salat sollte so leicht wie möglich schmecken und nicht zu viel Joghurt enthalten. Couscous ist sehr vielseitig, denn er nimmt das Aroma der Flüssigkeit auf, in der er aufquillt – hier eine würzige Gemüsebrühe. Die Brunnenkresse wird erst zum Schluss unter den Salat gemischt, damit sie nicht zusammenfällt.

Würziges Cassoulet mit roten Bohnen und Gerste

Eintöpfe sind meist mehr Yang als andere Zubereitungen, mit Ausnahme gebackener Gerichte. Hier sind Zwiebeln, Bohnen, Gerste, Mehl und Salz die Yang-Zutaten, während Frühlingszwiebeln, Koriander und Wein ausgleichendes Yin-Chi liefern. Soll die Betonung auf Yang liegen, lässt man von diesen Yin-Zutaten etwas weg. Die Konsistenz der Suppe liefert starke Wasser- und Metallenergie.

Die besonderen Aromen von Rotwein, Kräutern und kräftiger Gemüsebrühe kommen in in diesem würzigen Eintopf zur Geltung. Das Cassoulet kann auch als Hauptgericht serviert werden oder mit Fleischeinlage, wenn man kein Vegetarier ist. Ein oder zwei Würstchen in Stücke geschnitten und leicht angebraten werden zu den Bohnen gegeben. Für mehr Schärfe sorgt ein gehackter roter Chili.

STEVEN

200 g getrocknete rote Bohnen
100 g Gerste
2 EL Sonnenblumenöl
2 Zwiebeln, geschält, in Ringen
4 Knoblauchzehen, geschält, in Scheiben
200 ml klare Gemüsebrühe (S. 150)
200 ml Rotwein
1 EL Mehl
Salz und frisch gemahlener schwarzer Pfeffer
6 Frühlingszwiebeln, fein gehackt
2 EL Koriandergrün, fein gehackt

1 Bohnen und Gerste in einer Schüssel bedeckt mit kaltem Wasser über Nacht quellen lassen.

2 Backofen auf 150 °C vorheizen. Zwiebelringe und Knoblauch in einer Kasserolle bei mittlerer Hitze in 1 Esslöffel heißem Öl 1–2 Minuten anbraten, dabei rühren. Die Bohnen und Gerstenkörner abgießen und mit der Gemüsebrühe in die Kasserolle geben, aufkochen lassen. Den Rotwein dazugeben, nochmals aufkochen, dann Hitze reduzieren und das Ganze 10 Minuten leicht kochen.

3 Inzwischen das restliche Öl (1 EL) in einem kleinen Topf bei schwacher Hitze erwärmen. Mehl einstreuen und zu einem dicken Brei rühren. Die Masse in das Cassoulet geben, nochmals gut verrühren, bis alles gleichmäßig gebunden ist. Dann würzen und abdecken. Das Cassoulet im vorgeheizten Backofen 45 Minuten garen.

4 Das Cassoulet aus dem Backofen nehmen und einige Minuten ruhen lassen. Wenn nötig, noch einmal nachwürzen, mit fein gehackten Frühlingszwiebeln und Koriandergrün bestreuen und gleich servieren.

Sommerliche Kaltschale mit Muskateller und Basilikum

Die Basis dieses kreativen Desserts ist Beerensaft, der mit Muskateller verfeinert wird. Basilikum ist eine ungewöhnliche Zutat für ein Dessert, stimuliert aber die Geschmacksknospen. Nach Belieben kann es durch etwas Minze ersetzt werden (s. Abbildung).

STEVEN

Obst liefert reichlich Yin-Chi, ganz besonders, wenn es roh ist und mit Wein und Fruchtsaft vermischt wird. Durch das Kühlen wird das Yin noch ausgeprägter. Von den fünf Elementen ist hier die Wasserenergie am dominantesten. Dieses Dessert empfiehlt sich, wenn man gefühlsmäßig angespannt ist, und verhilft zu mehr Ruhe und Gelassenheit.

SIMON

FÜR DIE SAUCE

200 ml Muskateller (oder anderer lieblicher Wein)
200 g Erdbeeren, gewaschen, ohne Stiele
200 g Himbeeren, gewaschen
Saft von 2 Orangen und $^1/_2$ Zitrone
1 Zimtstange (nach Belieben)

FÜR DIE KALTSCHALE

1 kleine reife Melone, in kleinen Kugeln
125 g Erdbeeren, gewaschen, ohne Stiele
125 g schwarze Johannisbeeren, gewaschen, ohne Stiele
125 g Himbeeren, gewaschen
60 g Heidelbeeren, gewaschen

ZUM VERFEINERN

150 ml Muskateller
8 frische Basilikumblätter, klein gehackt
1 EL Puderzucker (nach Belieben)
4 EL dicke Sojamilch oder Schlagsahne

1 Für die Sauce Muskateller, Erdbeeren, Himbeeren und Saft der Zitrusfrüchte in der Küchenmaschine glatt pürieren, dann durch ein Sieb streichen.

2 Nach Belieben eine Zimtstange zu dem Püree geben und langsam aufkochen lassen. Die übrigen Früchte (Melone, Erdbeeren, schwarze Johannisbeeren, Himbeeren und Heidelbeeren) dazugeben. Topf sofort vom Herd nehmen, alles in eine Schüssel füllen und 6–8 Stunden in den Kühlschrank stellen.

3 Vier Dessertschalen kühlen. Muskateller bis auf einen kleinen Rest unter die Fruchtmasse mischen. Die Kaltschale in Dessertschalen verteilen, mit Basilikum garnieren und mit dem Rest Muskateller beträufeln. Nach Belieben mit Puderzucker bestäuben und mit je einem Löffel Sojamilch oder Schlagsahne servieren.

Safranbirnen in Ahornsirup mit Maronenhäubchen

FÜR DIE SAFRANBIRNEN

Saft von 1 Orange und $^1/_2$ Zitrone
500 ml Wasser
500 ml lieblicher Weißwein oder Muskateller
2 Vanilleschoten
2 Blüten Sternanis
2 Zimtstangen
1 TL Safranfäden
4 Williams-Christ-Birnen (nicht zu reif), geschält, mit Stiel

FÜR DIE MARONENHÄUBCHEN

250 ml Frischkäse (fettreduziert)
150 g gesüßte Maronen, gehackt
1 EL Ahornsirup

1 Für die Safranbirnen alle Zutaten (mit Ausnahme der Birnen) in einem großen Topf zum Kochen bringen, dann die Birnen vorsichtig hineinlegen und nur leicht kochen. Sie sollen dabei vollständig bedeckt sein; wenn nötig, nach 30 Minuten mit einem Teller beschweren, damit sie nicht an die Oberfläche kommen. Den Topf vom Herd nehmen und vollständig abkühlen lassen. – Dadurch wird die Farbe der Birnen kräftiger.

2 Die gehackten Maronen vorsichtig unter den Frischkäse heben, Ahornsirup unterziehen und das Ganze bis zum Gebrauch in den Kühlschrank stellen.

3 Die erkalteten Birnen aus dem Topf nehmen und im Ganzen oder aufgeschnitten servieren. Dafür mit einem kleinen, scharfen Messer das Kerngehäuse entfernen und die Birnen 6–7-mal von unten nach oben einschneiden, ohne den Stiel zu beschädigen. Auf Dessertschalen verteilen – die Scheiben leicht fächern – mit etwas Kochflüssigkeit beträufeln, mit Maronenhäubchen dekorieren und servieren.

STEVEN

Safran, Vanille und Sternanis sind die tonangebenden Zutaten für dieses leckere, stimulierende Dessert und verleihen ihm eine ganz besondere Geschmacksnote. Wenn es etwas üppiger sein darf, kann man statt Frischkäse auch Schlagsahne verwenden.

Durch Kochen erhalten Früchte mehr Yang; Geschmack und Süße werden intensiviert. Für noch mehr Yang lässt man einfach Wein und Honig weg. Dieses Dessert eignet sich für kalte Tage; während die Fruchtsüße das Entspannen unterstützt, liefert die Yang-Zubereitungsart Wärme und Energie.

SIMON

Blitzschnelles Passionsfrucht-Soufflé

25 g Butter
25 g extrafeiner, weißer Zucker
150 ml frisch gepresster Orangensaft
2 TL Maisstärke, mit 1 TL Wasser verrührt
6 große Eiweiße
1 EL feiner, brauner Zucker
12 reife Passionsfrüchte, halbiert
Puderzucker zum Bestäuben (nach Belieben)

1 Vier Auflaufförmchen von 9 cm Durchmesser einfetten, mit weißem Zucker ausstreuen und im Kühlschrank kühlen.

2 Backofen auf 180 °C vorheizen. Orangensaft bei schwacher Hitze erwärmen, dann die Maisstärke einrühren. Bei schwacher Hitze leicht kochen, bis die Sauce zu stocken beginnt, dann vom Herd nehmen.
Ist die Sauce zu dick, noch etwas Saft unterrühren; ist sie zu dünn, noch etwas Maisstärke mit Wasser mischen und langsam in die Sauce einrühren, bis sie die gewünschte Konsistenz hat.

3 Die Eiweiße zu steifem Schnee schlagen, dann Zucker einrieseln lassen und nochmals 30 Sekunden schlagen.

4 Kerne und Saft der halbierten Passionsfrüchte in die Orangencreme rühren, dann vollständig abkühlen lassen. Anschließend den Eischnee unterheben. Die Masse in die gekühlten Auflaufförmchen füllen und im vorgeheizten Backofen auf mittlerer Schiene 10 Minuten goldbraun backen. Herausnehmen und sofort servieren, nach Belieben mit Puderzucker bestäubt. Oder zu Eiscreme oder Sorbet reichen.

STEVEN

Dieses Soufflé fällt nicht zusammen, da die Masse ungebacken schon fast die fertige Höhe hat und nicht mehr aufgehen, sondern nur noch braun werden muss.

Tropenfrüchte wie Passionsfrüchte und Orangen bieten mehr Yin als Obst aus nördlicheren Regionen. Durch den Zucker wird das Yin verstärkt. Dieses Dessert ist üppig und süß, stimulierend und befriedigend zugleich.

SIMON

STEVEN

Amerikanische Pfannkuchen schmecken herzhaft, wenn man Zimt und Ahornsirup durch gehackte Petersilie, Zitronensaft und Ziegenkäse ersetzt.

Weizenmehl und Ei geben diesem Dessert relativ viel Yang. Auch die Zubereitungsart verleiht den Zutaten mehr Feuerenergie. Für einen ausgleichenden Yin-Effekt kann man reichlich Ahornsirup oder frische Früchte dazu servieren. Dieses Dessert eignet sich besonders, wenn man an einem kalten Tag auf zusätzliche Energie angewiesen ist.

SIMON

Amerikanische Pfannkuchen mit Ahornsirup

150 g Mehl, gesiebt
1 TL Backpulver
1 Ei
175 ml Milch
1 EL Mandel- oder Traubenkernöl
1 TL gemahlener Zimt
Reiner Ahornsirup zum Würzen (etwa 150 ml)

1 Mehl und Backpulver in eine Schüssel sieben. In einer anderen Schüssel Ei und Milch cremig rühren, dann Mehl-Backpulver-Gemisch dazugeben. Alles zu einem glatten Teig verarbeiten, dann durch ein Sieb streichen.

2 Das Öl in einer Crêpe- oder Bratpfanne bei mittlerer Hitze erwärmen. Überschüssiges heißes Öl in einen feuerfesten Topf gießen und für den nächsten Pfannkuchen verwenden. Ein Viertel des Teigs (etwa 1 cm dick) in die Pfanne schöpfen. Wenn die Unterseite braun ist und sich oben kleine Blasen bilden, den Pfannkuchen umdrehen und die andere Seite backen, bis diese auch braun ist und sich wieder Blasen bilden.

3 Pfannkuchen auf einem vorgewärmten, feuerfesten Teller auf niedriger Stufe bis zum Servieren im Backofen warm halten.

4 Wenn alle Pfannkuchen fertig sind (die Angaben im Rezept sind für 4 Personen berechnet), die Pfannkuchen entweder im Ganzen servieren oder jeweils in 6 Dreiecke teilen und übereinander schichten. Mit Zimt bestäuben und mit etwas Ahornsirup übergießen.

Aprikosensorbet

250 g getrocknete Aprikosen
500 ml Wasser
1 EL Zitronensaft
4 Minzezweige
4 EL Crème fraîche (nach Belieben)

1 Die getrockneten Aprikosen in einem Kochtopf mit Wasser bedeckt etwa 15 Minuten quellen lassen. Bei mittlerer Hitze zum Kochen bringen und 10–15 Minuten leicht kochen, bis sie weich sind.

2 Den Topf vom Herd nehmen und das Ganze im Mixer oder mit dem Pürierstab zerkleinern. Zitronensaft einrühren, die Masse auf 4 Eiswürfelbehälter (mit runden oder anderen Formen) verteilen. Mindestens 3 Stunden im Gefrierschrank fest werden lassen.

3 Vor dem Servieren die Eiswürfelbehälter kurz in warmes Wasser tauchen – die Würfel lösen sich so leichter. Das Sorbet in hohen Gläsern mit Minze garniert servieren. Für ein etwas üppigeres Dessert einen Löffel Crème fraîche auf jede Portion häufen oder Crème fraîche getrennt servieren, damit jeder sich selbst bedienen kann. Besonders interessant wirkt dieses Dessert, wenn man das Aprikosensorbet mit Sorbet aus getrockneten Pflaumen mischt, das man genauso zubereitet.

STEVEN

Dieses leichte Dessert ist ideal nach einem etwas üppigeren Essen, erfrischend und anregend. Dabei ist es eigentlich ganz einfach: Man braucht nur schmackhafte, eingeweichte Trockenfrüchte zu pürieren und ein Sorbet herzustellen. Statt Aprikosen eignen sich auch andere Trockenfrüchte wie Pflaumen oder große Sultaninen. Die Fruchtwürfel können gut im Voraus zubereitet werden und sind im Gefrierschrank bis zu einem Monat haltbar.

Aprikosen und Zitronensaft sind relativ stark Yin. Dieses Dessert hat viel Wasserenergie, die durch das Einfrieren noch erhöht wird. Es bringt Kühlung an einem heißen Tag, man fühlt sich leicht und frisch. Durch den hohen Yin-Gehalt ist das Sorbet nichts für kaltes Wetter oder bei trüber Stimmungslage. Es ist die ideale Erfrischung an einem heißen Nachmittag oder Abend.

SIMON

Gefüllte Pfirsiche mit Champagnercreme

FÜR DIE PFIRSICHE

50 g Paranüsse, ohne Schale
100 g frische oder getrocknete Datteln, ohne Stein
$^1/_2$ TL süßes Mandel- oder Traubenkernöl
4 große und feste weißfleischige Pfirsiche, geschält, halbiert und entsteint
150 ml lieblicher Weißwein
25 ml Weinbrand
75 ml frischer Orangensaft

FÜR DIE CHAMPAGNERCREME

4 mittelgroße Eigelbe
1 EL Honig
60 ml Champagner oder Perlwein

1 Backofen auf 200 °C vorheizen, die Nüsse 10 Minuten darin rösten. Inzwischen die Champagnercreme herstellen. Dafür einen Topf zur Hälfte mit Wasser füllen, das Wasser erst einmal aufwallen, dann leicht weiter kochen lassen. Eigelbe mit einem halben Esslöffel heißem Wasser in einer Schüssel verrühren, Honig dazugeben. Die Masse über dem Wasserbad schaumig schlagen, bis das Volumen sich verdoppelt hat. Champagner nach und nach unterschlagen, dann die Creme beiseite stellen.

2 Die Paranüsse aus dem Backofen nehmen (Backofen nicht ausschalten), in ein Tuch schlagen und durch Reiben enthäuten. Nüsse und Datteln in der Küchenmaschine zerkleinern.

3 Öl in einer feuerfesten Form auf höchster Stufe erwärmen. Pfirsichhälften mit der Schnittseite nach unten hineinlegen und 1 Minute bräunen, dann wenden. Wein, Weinbrand und Orangensaft dazugeben. Die Form 10 Minuten in den heißen Backofen stellen, bis die Pfirsiche weich sind. Die Pfirsiche aus dem Backofen nehmen, mit der Nuss-Dattel-Masse füllen, mit Champagnercreme übergießen und dann auf höchster Stufe unter dem Grill bräunen.

Dieses duftige Dessert ist die Krönung eines Abendessens mit Gästen. Die Pfirsiche schmecken sogar noch besser, wenn man sie mit einem Löffel Schlagsahne serviert – Schlankheitsbewusste bevorzugen Crème fraîche oder Frischkäse. Profis bräunen die Creme mit offener Flamme, doch der Grill erfüllt den gleichen Zweck.

STEVEN

Pfirsiche, Datteln und Weinbrand tendieren zwar zu Yin, doch das Backen steuert so viel Feuerenergie bei, dass dieses Dessert insgesamt eher Yang hat. Die Fruchtsüße schafft Erdenergie. Es bietet sich an, dieses Dessert an einem kalten Winterabend vor dem Kamin zu genießen – ein wärmendes und entpannendes Gefühl in der Magengegend stellt sich ein.

SIMON

3 Mit Menüs zum Erfolg

Zu einer gelungenen Familienfeier gehört mehr als nur gutes Essen. Es ist genauso wichtig, die richtige Atmosphäre für den Anlass zu schaffen. In diesem Kapitel wird alles gezeigt, von der Planung und Vorbereitung bis zur Zubereitung eines Menüs. Erklärt wird auch, wie man das Essen schließlich präsentiert und die Tischdekoration mit dem gesamten Essbereich in Einklang bringt und für gute Stimmung bei allen sorgt. So tragen die Energie der Nahrung und die Atmosphäre zu einem gelungenen Essen bei – ob bei einem romantischen Dinner für zwei, beim Mittagstisch im Familienkreis oder bei einem offiziellen Festessen.

Feng Shui und der Essbereich

Anhand von neun Beispielen wird in diesem Kapitel gezeigt, wie man ein Menü plant und die optimale Atmosphäre dafür schafft – von einer kindgerechten Mahlzeit bis zum romantischen Dinner für zwei.

Bei jeder Mahlzeit spielt das Chi eine besonders bedeutende Rolle. Deshalb legt man im Voraus fest, welche Art von Chi man betonen möchte. Für einen gemütlichen Abend zu Hause wird man beruhigendes Yin von Essen und Wohnatmosphäre fördern wollen; für eine lebhafte, heitere Party mit anregenden Gesprächen hingegen eher das Yang. Es ist auch wichtig, die fünf Elemente (S. 16–19) zu berücksichtigen. Die folgenden Seiten zeigen, wie man das Chi auf neun unterschiedliche Anlässe abstimmt. Mit etwas Übung wird man dann schnell in jeder Situation erfolgreich sein!

Es gibt bestimmte Punkte, die dabei helfen, das richtige Chi zu treffen, dazu gehört auch, das Essen für einen besonderen Anlass genau zu planen, da die Zutaten das Chi der Gäste beeinflussen. Die optisch attraktiven, appetitanregenden Gerichte in diesem Kapitel wirken jeweils unterschiedlich auf das Chi. Man muss sich darüber im Klaren sein, dass Farben, Materialien und Beschaffenheit von Geschirr, Besteck, Gläsern und Tischtuch das Chi beschleunigen oder verlangsamen und die Dekoration von Tisch und Essbereich ganz subtil auf die Stimmung einwirken.

Schließlich sollte man sich auch genau überlegen, wen man wo platziert, denn die gegenüberliegende Richtung hat wiederum Auswirkungen auf Essen, Atmosphäre und Gäste.

Eine Schlüsselrolle für eine gelungene Mahlzeit spielen Essbereich und Sitzordnung bei Tisch.

In diesem Kapitel finden sich viele Vorschläge, wie man den Essbereich auf das gewünschte Chi abstimmt – von der Farbe der Kerzen bis hin zu komplexeren Fragen, wie etwa der optimalen Tischform. Dabei müssen nicht alle Tipps auf einmal umgesetzt werden. Es genügt, wenn man das Zuhause den Gegebenheiten entsprechend gestaltet.

MIT FARBEN LENKEN

Beim Kochen nach der Feng-Shui-Lehre ist auch die Wahl der richtigen Farben von großer Bedeutung. Mit Farben kann man auf einfache Weise große Wirkung erzielen. Farbe in verschiedenen Abstufungen und Farbtönen lenkt die Stimmung entweder zu mehr Yin oder zu mehr Yang. Rot und Orange sind eher Yang-Farben, während Hellblau und Grün zu Yin tendieren (S. 10–15). Die Kraft der Farben kann die Energie der fünf Elemente stärken, betonen oder beruhigen (S. 16–19), einem Raum eine bestimmte Atmosphäre verleihen oder einen Kontrast zur Farbe des Essens bilden, wie etwa ein grüner Salat auf einem gelben Teller oder ein leckeres Risotto in einer blauen Schüssel. Natürlich ist es nicht nötig, den gesamten Essbereich für jede Mahlzeit. umzukrempeln. Durch die Farbe der Dekoration wie etwa Tischtuch, Servietten, Blumen lässt sich die Stimmung verändern und steuern.

Helle Farben eignen sich vor allem tagsüber, dunklere für den Abend. Darüber hinaus schaffen unterschiedliche Schattierungen auch unterschiedliches Chi. Weiche Pastellfarben sind eher Yin als die starken Grundfarben.

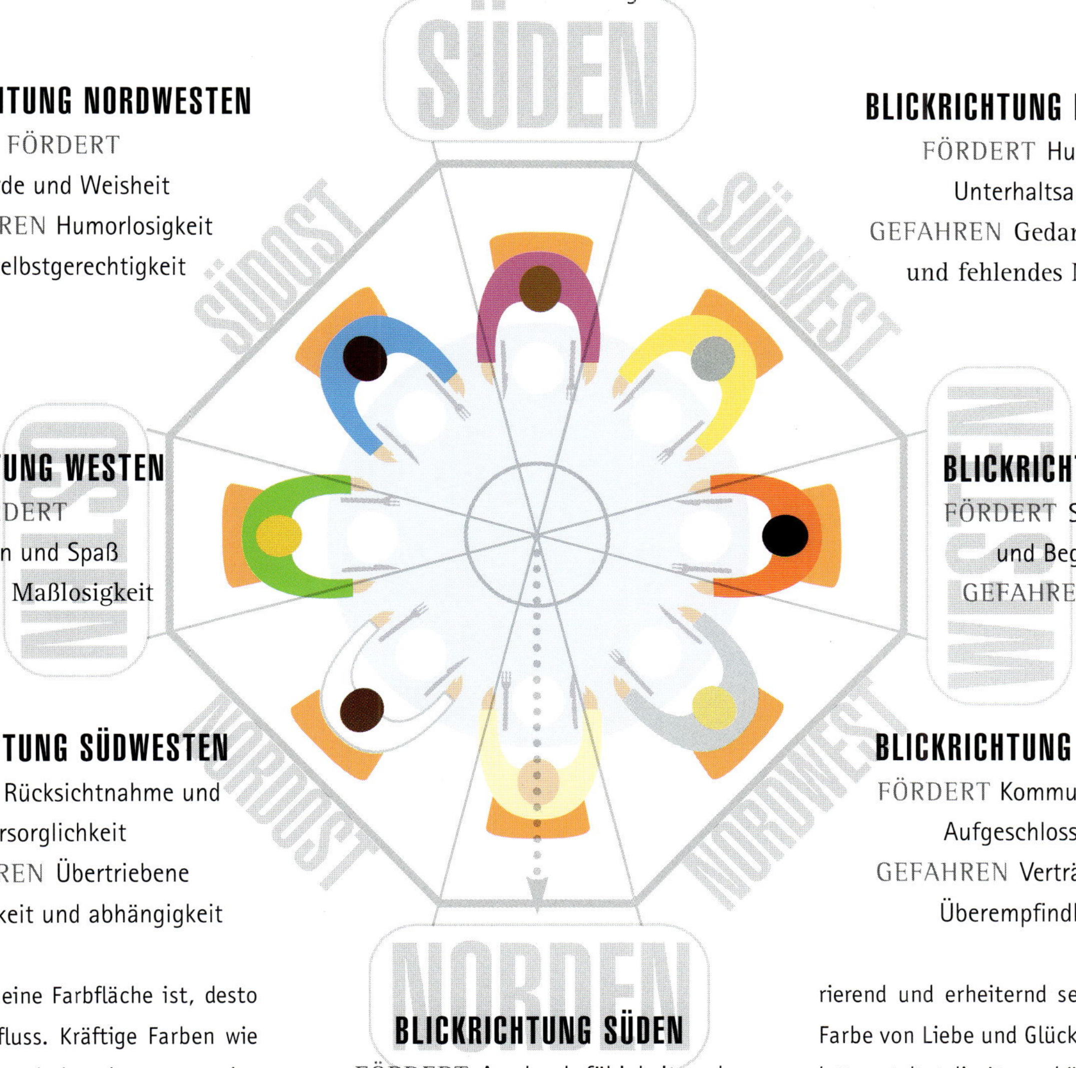

BLICKRICHTUNG NORDEN

FÖRDERT den Blick nach innen und Ruhe
GEFAHREN Wortkargheit

BLICKRICHTUNG NORDWESTEN

FÖRDERT Würde und Weisheit
GEFAHREN Humorlosigkeit und Selbstgerechtigkeit

BLICKRICHTUNG NORDOSTEN

FÖRDERT Humor und Unterhaltsamkeit
GEFAHREN Gedankenlosigkeit und fehlendes Mitgefühl

BLICKRICHTUNG WESTEN

FÖRDERT Vergnügen und Spaß
GEFAHREN Maßlosigkeit

BLICKRICHTUNG OSTEN

FÖRDERT Selbstvertrauen und Begeisterung
GEFAHREN Ungeduld

BLICKRICHTUNG SÜDWESTEN

FÖRDERT Rücksichtnahme und Fürsorglichkeit
GEFAHREN Übertriebene Anhänglichkeit und abhängigkeit

BLICKRICHTUNG SÜDOSTEN

FÖRDERT Kommunikation und Aufgeschlossenheit
GEFAHREN Verträumtheit und Überempfindlichkeit

BLICKRICHTUNG SÜDEN

FÖRDERT Ausdrucksfähigkeit und Anspannung
GEFAHREN Stolz und übermäßige Gefühlsbetontheit

Je größer eine Farbfläche ist, desto stärker ihr Einfluss. Kräftige Farben wie Rot und Schwarz sind auch sparsam eingesetzt äußerst effektiv, etwa bei der Wahl der Servietten oder des Bestecks. Beige wird mit Heilung, Gesundheit, Frieden und Wohlbefinden assoziiert; Weiß ist krasser und schafft eher eine ehrgeizige, motivierende Atmosphäre.

Gelbtöne strahlen Behaglichkeit und Wärme aus, symbolisieren Nahrung und Stärkung und bieten sich an, wenn etwa die Unterhaltung aufrecht erhalten werden soll. Blau hat eine beruhigende Wirkung, verringert Anspannung und Stress, kann aber auch inspirierend und erheiternd sein. Rot ist die Farbe von Liebe und Glück. Kräftiges Violett gestaltet die Atmosphäre leidenschaftlicher und ausdrucksstärker. Grün symbolisiert neues Leben und liefert in einem entspannten, doch stimulierenden Rahmen Frische und neue Lebensfreude.

Ein Rahmen für festliche Anlässe

Feierliche Anlässe wie ein Jahrestag oder die erste Einladung neuer Kunden verlangen einen formellen, festlichen Rahmen. Bei offiziellen Gelegenheiten sind Feierlichkeit und Etikette – mit Metallenergie assoziierte Yang-Eigenschaften – unerlässlich.

Ein offizieller Anlass verlangt nach besonderer Etikette, gepflegten Umgangsformen und der passenden Kleidung. Ein ausgeprägtes Yang betont bewusstes, würdevolles Auftreten.

MENÜPLANUNG

Offizielle gesellschaftliche Ereignisse verbunden mit einem großen Essen dauern meist etwas länger. Die Atmosphäre, in der gegessen wird, soll höfliche Unterhaltungen oder Geschäftsverhandlungen fördern. Zwischen den einzelnen Gängen sollten kleine Pausen eingeplant werden. Ein solches Essen kann mehrere Stunden dauern, vor allem wenn zum Abschluss Kaffee oder Alkohol gereicht und Reden gehalten werden.

Üppige Yang-Gerichte sind für solche Anlässe gut geeignet, wenn nach dem Essen kein Programm mehr geplant ist und die Gäste sich wohlfühlen sollen. Der erste Gang des Menüs auf der gegenüberliegenden Seite – Thunfisch im Backteig – ist ein recht üppiges Entree, inspiriert von der japanischen Tradition und Geschichte. Wenn der Backteig locker und knusprig ist, sättigt diese Vorspeise, ist aber dennoch appetitanregend. Durch den Thunfisch tendiert sie zu Yang. Die Backmethode setzt belebende Holz- und Feuerenergie frei und begünstigt positives, sprühendes Chi für anregende Geselligkeit.

Gedünstete Seezunge und Lachsmousse mit Meerrettichcreme ist ein klassisches europäisches Gericht, etwas Besonderes, das gut zu diesem Menüplan passt. Seezunge und Lachs tendieren zu Yang. Die Garmethode ist hingegen eher Yin und betont das Holzelement, das Gespräche fördert und die allgemeine Stimmung belebt.

Als Getränk eignet sich am besten ein Qualitätswein wie etwa Weißburgunder eines gutes Jahrgangs. Gegebenenfalls kann man nach dem Menü mit einem alten Portwein schließen.

RAUMGESTALTUNG

Am besten eignen sich Braun, Silber, Gold, Rot, Beige und Hellgrau als Farben für offizielle Anlässe. Kräftiges Braun oder Rot begünstigen eine formelle Yang-Atmosphäre. Silber betont das Metallelement und fördert seriöses, würdevolles Auftreten. Gold erzeugt gediegenes Chi, darf aber nur sparsam eingesetzt werden, um nicht aufdringlich zu sein. Ein hellgrauer, blassgelber oder beiger Hintergrund sorgt für ein würdiges Ambiente.

Gegenstände aus Metall oder Silber wie antike Bilderrahmen geben dem Raum Metallenergie. Spiegel mit runder oder eckiger Metalleinfassung fördern die feierliche Stimmung und unterstreichen die Raumgestaltung. Geschwungene oder asymmetrische Formen schwächen das Metallelement.

Eine altmodische Pendeluhr, die zum Großteil aus Metall besteht und hörbar tickt, betont stark die Metallenergie im Raum. Das Geräusch und die Bewegung der Uhr erfüllen den Raum mit rhythmischen Schwingungen.

Findet das Festessen abends statt, kann man die Atmosphäre durch Kerzen betonen. Künstliche Beleuchtung sollte nicht grell sein und blenden, sondern das Licht an den Wänden und der Decke reflektieren. Ein Raum wirkt so entspannter und beruhigender. Es gibt auch Lampen mit integriertem Reflektor, die gedämpftes, stimmungsvolles Licht erzeugen.

SITZORDNUNG

Nordwesten, Süden, Südwesten und Westen sind die Himmelsrichtungen, die Förmlichkeit betonen und Einfluss auf die Gäste und den Ablauf des Abends haben. Man kann die Sitzordnung auch anhand der jeweiligen Gäste festlegen. Ein zurückhaltender Mensch profitiert etwa davon, nach Südosten, Süden oder Südwesten zu blicken, da die mit Sonne assoziierten Richtungen helfen, offener, ausdrucksvoller und freundlicher zu sein. Umgekehrt eignet sich ein Sitzplatz mit Blick nach Norden für jemanden, der leicht überschwänglich und herrisch ist, da der Norden beruhigend wirkt. (Zur Wirkung der acht Himmelsrichtungen S. 67)

Sitzplätze gegenüber der Tür oder am Kopfende mit Blick auf die ganze Tafelrunde sind besonders einflussreich.

Festliches Menü

THUNFISCH IM BACKTEIG MIT MIRIN-DRESSING

GEDÄMPFTE SEEZUNGE UND LACHSMOUSSE MIT MEERRETTICHCREME

SCHOKOLADENTÄSCHCHEN MIT ANANASFÜLLUNG, PISTAZIEN-PARFAIT UND MANGOCOULIS

Für 4 Personen

Eine silberne, möglichst antike Kaffeekanne betont den feierlichen Anlass und bringt mit ihrem vornehmen Glanz ein Festessen zu einem krönenden Abschluss.

Tischdekoration

Ein großer Tisch aus dunklem Holz eignet sich am besten für eine festliche Gelegenheit, da er würdevoll und gediegen wirkt. Mit einem weißen Tuch sieht beinahe jeder Tisch feierlich aus. Am besten ist eine ovale Form, denn eine rechteckige Form betont allein die Sitzplätze an den Tischenden. Ein runder Tisch ist auch geeignet, aber ein quadratischer sollte durch ein Zwischenstück oder eine Auflage verlängert werden.

Eine braune Tischdecke wirkt gediegen, eine weiße besticht durch schlichte Eleganz. Besteck, Serviettenringe und Kerzenständer aus Silber fördern das Chi aus Nordwesten und eine festliche Stimmung. Für die Mitte des Tisches empfiehlt sich ein Gesteck aus Blumen und Grün.

Weiße und rote Blumen, vor allem Rosen und Nelken, eignen sich sehr gut für feierliche Anlässe. Blumenarrangements kommen in silbernen oder goldenen Vasen oder Gefäßen festlich zur Geltung. Auch antike chinesische Vasen mit traditionellem Muster wirken äußerst dekorativ.

ANTIKE GEGENSTÄNDE Durch alte, schwere Möbelstücke wirkt ein Raum gleich förmlicher. Schränke oder Polstermöbel aus massivem, dunklem Holz unterstreichen die Förmlichkeit. Auch einen modernen Raum kann man mit Dingen dekorieren, die Tradition vermitteln und solide wirken, wie etwa eine Skulptur, ein Bild von einem historischen Ereignis oder ein altes Familienfoto.

MEERSALZ Ein Schälchen Meersalz auf dem Boden oder einem niedrigen Regal reinigt und erfrischt das Chi im Raum. Schälchen im Nordosten und Südwesten stabilisieren die Schwingungen der Erdenergie.

Thunfisch im Backteig mit Mirin-Dressing

FÜR DAS DRESSING

100 ml Shoyusauce
100 ml Mirin
1 EL geröstete Sesamsamen

FÜR DEN BACKTEIG

3 Eiweiße
Saft von 1 Limette
150 g Maisstärke, gesiebt
Salz und frisch gemahlener schwarzer Pfeffer

FÜR DEN THUNFISCH

1 EL Zimt
1 EL Nelkenpfeffer
1 EL Koriandersamen
1 EL Ingwerpulver
Salz und frisch gemahlener schwarzer Pfeffer
4 Scheiben Thunfischsteaks (etwa 10 x 3 x 3 cm)
Pflanzenöl zum Frittieren
Mizuna, ersatzweise Rucola, und junger Mangold zum Garnieren

1 Für das Dressing Shoyusauce und Mirin zum Kochen bringen, dann 5 Minuten reduzieren, bis das Ganze dickflüssig ist. Die Sesamsamen zugeben, dann alles abkühlen lassen.

2 Für den Backteig die Eiweiße fast steif schlagen, dann Limettensaft unterziehen. Maisstärke und etwas kaltes Wasser unterrühren, bis ein dickflüssiger Teig entsteht. Würzen.

3 Die Gewürze in einer Schüssel mischen. Die Thunfischsteaks sorgfältig darin wenden und bis zum Gebrauch mit Klarsichtfolie bedeckt im Kühlschrank aufbewahren.

4 In einem Frittiertopf Öl auf 175 °C erhitzen. Thunfischscheiben in den Backteig tauchen und 10 Minuten frittieren. Damit das Öl heiß bleibt, nicht mehr als zwei Scheiben gleichzeitig frittieren.

5 Die Thunfischsteaks aus dem Öl nehmen, längs aufschneiden und auf Salatblättern anrichten. Rundherum etwas Dressing träufeln.

steven

Das Menü für einen offiziellen Anlass soll kreativ und fantasievoll sein – ohne kompliziert oder aufdringlich zu wirken. Thunfisch im Backteig, gefolgt von Seezunge und Lachs, dann gefüllte Schokoladentäschchen als Dessert schlage ich vor, weil sich alle drei Gänge gut anrichten und schön garnieren lassen. Das Pistazien-Parfait am besten einen Tag früher zubereiten.

Gedämpfte Seezunge und Lachsmousse mit Meerrettichcreme

150 g Lachsfilet, ohne Haut
Salz und frisch gemahlener schwarzer Pfeffer
1 Eiweiß
150 g Sahne
1 EL Meerrettich, frisch gerieben
1 EL Schnittlauch
2 Seezungen (etwa 300 g pro Stück), ohne Karkasse und Haut

FÜR DIE GEMÜSEHÜLLE

1 Zucchino
1 große Karotte, geschält
1 Stück Butter
200 ml Hummercremesuppe (S. 151)

1 Vier Ringe oder runde Ausstechformen (8 cm Durchmesser, 4 cm hoch) einfetten und in den Kühlschrank stellen. Lachs in der Küchenmaschine pürieren, würzen, dann Eiweiß, Sahne, Meerrettich und Schnittlauch zugeben. Nochmals gut verrühren, dann bedeckt im Kühlschrank ruhen lassen.

2 Die Seezungenfilets gut würzen und mit je einem Filet die Ringe (Ausstechförmchen) auslegen. Nach Belieben die Ringe zuerst mit blanchierten Lauchstreifen für mehr Farbe und Biss auskleiden (Abbildung oben). Die Ringe auf Backpapier setzen und mit Lachsmousse füllen.

3 Backofen auf 100 °C vorheizen. Die gefüllten Ringe etwa 7 Minuten im Dampftopf garen. Der Fisch ist gar, wenn das Fleisch milchig weiß und zart ist.

4 Inzwischen Zucchino und Karotte in Streifen schneiden (0,6 cm dick, 14 cm lang). 2 Minuten in siedendem Wasser blanchieren, dann sofort abschrecken.

5 Die Ringe mit einem Pfannenwender aus dem Topf nehmen, Backpapier entfernen. Die Fischkuchen vorsichtig aus den Ringen lösen und bis zum Verzehr auf vorgewärmten Tellern bei schwacher Hitze im Backofen warm halten.

6 Die Zucchinistreifen dicht nebeneinander legen, dann die Karottenstreifen gitterartig einflechten. Aus dem fertigen Gitter mit den Ringen Kreise ausstechen. Mit etwas flüssiger Butter bestreichen und auf ein Backblech setzen, würzen und 5 Minuten erwärmen.

7 Die Hummercremesuppe erhitzen. Die Gitter auf die Fischkuchen setzen, rundherum Hummercremesuppe löffeln.

Schokoladentäschchen mit Ananasfüllung, Pistazien-Parfait und Mangocoulis

FÜR DAS PISTAZIEN-PARFAIT

6 Eigelbe
150 ml Wasser
250 g extrafeiner Zucker
25 g Pistazien, gehackt
2 TL Pistazienpaste
225 g Sahne

FÜR DEN SCHOKOLADENTEIG

50 g Hartweizenmehl
25 g Kakao
2 Eigelbe
1–2 Tropfen Wasser

FÜR DIE ANANASFÜLLUNG

1 reife Ananas, geschält
100 ml Kahlua-Rum
2 Vanilleschoten
100 g brauner Zucker
1 Eiweiß
250 ml Zuckersirup (S. 152)

FÜR DEN MANGOCOULIS

1 Mango
Saft von 1 Zitrone
25 ml Wasser

1 Für das Parfait die Eigelbe schaumig rühren. Wasser und Zucker 3 Minuten kochen, dann langsam unter die Eigelbe ziehen und glatt rühren, bis die Masse abgekühlt ist. Gehackte Pistazien und Pistazienpaste zugeben, noch 1 Minute rühren.

2 Die Sahne steif schlagen, dann unter die Eigelbmasse ziehen. Das Parfait auf vier Auflaufförmchen (5 cm tief, 10 cm im Durchmesser) verteilen und 24 Stunden einfrieren.

3 Für den Schokoladenteig alle Zutaten in der Küchenmaschine mischen, mit den Händen eine Kugel formen; bedeckt 1 Stunde ruhen lassen.

4 Vier runde Ananasscheiben (etwa 6 mm dick) abschneiden, abdecken und beiseite stellen. Den Rest der Ananas würfeln und mit Rum, Vanillemark und Zucker etwa 20 Minuten zu Marmelade kochen. Anschließend die Ananasscheiben unter dem stark erhitzten Grill bräunen, bis sie karamellisieren, dann abkühlen lassen.

5 Den Schokoladenteig auf einer bemehlten Unterlage 4 mm dick ausrollen, vier Kreise von 10 cm und vier Kreise von 16 cm Durchmesser ausstechen. Auf die kleineren Kreise jeweils 1 Esslöffel Ananasmarmelade setzen. Die Teigränder mit Eiweiß bestreichen, dann die größeren Kreise darauf setzen und die Ränder fest andrücken.

6 Den Zuckersirup bei mittlerer Hitze erwärmen. Kurz vor dem Aufkochen jeweils zwei Teigtäschchen hineinlegen und 1 Minute ziehen lassen, herausnehmen, abtropfen und im Kühlschrank abkühlen lassen.

7 Für den Coulis die Mango schälen und den Stein auslösen. Das Fruchtfleisch würfeln und mit Zitronensaft und Wasser im Mixer pürieren, dann durch ein feinmaschiges Sieb streichen. In den Kühlschrank stellen.

8 Zum Servieren das Parfait aus den Auflaufförmchen lösen und auf eine Ananasscheibe setzen. Ein Schokladentäschchen darüber legen und das Ganze mit Mangocoulis rundherum verzieren. Nach Belieben mit Zucker oder Wäffelchen garnieren.

Sanft gestimmt mit Romantik

Das richtige Verhältnis von Essen und Dekoration bei einem Dinner für zwei kann romantische Energie begünstigen. In einer gemütlichen, entspannten Atmosphäre fühlt man sich frei und geliebt. Zwei Elemente bestimmen das Chi: Erde steht für Behaglichkeit und Sicherheit, Metall steuert Romantik und Vergnügen.

Romantische Gefühle stellen sich erst bei enger Vertrautheit mit dem anderen ein. Im Idealfall harmonieren die Energiefelder von zwei Menschen miteinander, und Gemeinsamkeiten, Interesse am anderen und die Sexualität sowie Mitgefühl und Verständnis bilden die Grundlage der Beziehung.

Auch die Atmosphäre und die Einrichtung eines Raums können bei gegenseitiger Sympathie zur Entstehung romantischer Gefühle führen. In dieser Stimmung wachsen gegenseitige Zuneigung, Begehren oder Lust und stimulieren das Chi.

MENÜPLANUNG

Ein gemeinsam eingenommenes kleines Essen kann ausdrücken, dass man sich in der Gegenwart des anderen wohl und vertraut fühlt. – „Nabe“, eine würzige Suppe aus dem Fernen Osten, ist für innige Vertrautheit optimal. Alle Zutaten werden in der gleichen Flüssigkeit gegart und können nach Belieben zusammen aus der gleichen Schale gegessen werden. Bei einem „Ein-Topf-Gericht“ kann sich das Chi besser mischen und so Intimität fördern.

Das Menü sollte auf keinen Fall zu schwer sein, damit man nicht etwa schnell müde wird. Ist ein Gericht sehr üppig und salzig, ist das Yang ausgeprägter und begünstigt eher praktisches Denken statt Verspieltheit. Hat das Essen dagegen zu viel Yin, neigt man leicht dazu, sich gehen zu lassen und die Romantik zu vergessen.

Schalentiere und andere Meeresfrüchte, vor allem Austern, enthalten ein Chi, das mit Sexualität assoziiert wird; sie sind deshalb für ein romantisches Tête-à-tête sicher genau das Richtige, um sich näher zu kommen.

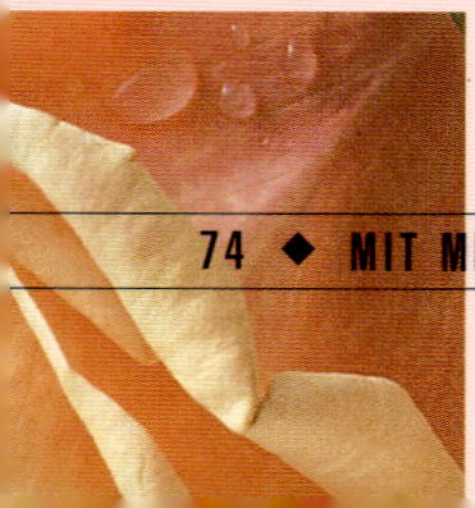

Eine süße Nachspeise wie etwa Eiscreme spendet frische Energie nach dem Essen und kann in Kombination mit Schokolade sogar aphrodisisch wirken.

Die Nachspeise mit viel Yin gleicht das Yang der Meeresfrüchte in Vor- und Hauptspeise aus. Auch Getränke wirken stimulierend. Vor dem Essen empfiehlt sich ein Cocktail, zum Essen ein leichter, lieblicher Rotwein. Zu viele eisgekühlte Drinks erhöhen das Yin und kühlen romantische Gefühle ab. Kaffee zum Abschluss wirkt dagegen anregend und konzentrationsfördernd – schwarzer Kaffee mehr als Kaffee mit Milch.

Erd- und Metallelement, vor allem in Zutaten wie Honig, Reissirup und Ingwer, fördern die Romantik und steuern Wohlbehagen und Vergnügen bei.

RAUMGESTALTUNG

Blassgelb, Rot und Rosa sind romantische Farben. In der Feng-Shui-Lehre wird Blassgelb mit Sexualität assoziiert. Ein blassgelber Hintergrund oder ein blassgelbes Tischtuch wirken entspannend und sinnlich. Rot vermittelt Stil und Romantik und sollte auf keinen Fall fehlen. Rote Farbtupfer bringen Servietten, Kerzen oder Blumen. Rosa wird mit Vergnügen assoziiert. Rosa Gegenstände begünstigen romantische Verspieltheit.

Rote oder rosarote Rosen bieten das beste Chi für ein romantisches Dinner. Zwei langstielige rote Rosen in einer Vase in der Mitte des Tisches symbolisieren die romantische Stimmung und Vertrautheit.

Weiche, zugezogene Vorhänge in rosa oder blassgelben Tönen schaffen eine elegante, exklusive Atmosphäre und fördern Entspannung und Vertrautheit. Großzügig eingesetzt bieten Stoffe wie Seide und Brokat das beste Chi für eine romantische Stimmung.

Bei der Raumgestaltung sollte man alle Objekte möglichst paarweise präsentieren, etwa zwei Kerzen nebeneinander, das Bild eines Pärchens oder von zwei Tieren. Auch Pflanzen und Bilder kommen am besten zu zweit zur Geltung. Skulpturen, die ein Paar darstellen, sind zur Dekoration gut geeignet, Einzelfiguren oder einzelne Bilder hingegen weniger.

SITZORDNUNG

Der beste Sitzplatz ist mit Blick nach Westen, in Richtung der untergehenden Sonne, weil von dort die Energie ausströmt, die mit dem Sonnenuntergang, dem Abend und den schönen Dingen des Lebens assoziiert wird. Schaut man nach Norden, ist man im Fluss des Chi der Nacht und der Sexualität und fühlt sich dem Partner näher. Für mehr Leidenschaft setzt man sich mit Blick nach Süden, da dieser Platz das Chi der Hingabe, Ausdrucksfähigkeit und Gefühle begünstigt.

So wählt man den geeignetsten Sitzplatz für sich und den Partner aus. Ist man eher schüchtern, möchte aber mehr aus sich herausgehen, schaut man am besten gen Süden. Dagegen sollte man nach Westen blicken, wenn man sehr ernst ist und lockerer sein möchte. Der Norden eignet sich, wenn man dazu neigt, dominant zu sein. Bietet ein Raum nur begrenzte Sitzmöglichkeiten, wählt man jeweils die beste aus. Auch die Blickrichtungen Südosten und Südwesten können die romantische Stimmung begünstigen.

Im Verlauf eines stimmungsvollen Abends darf man die Plätze ruhig wechseln. Will man sich des anderen stärker bewusst werden, setzt man sich ihm gegenüber, mit direktem Blickkontakt. Sitzt man über Eck, wird Nähe und körperliche Berührung erleichtert. Das direkte Nebeneinander fördert Intimität und Verständnis, ist also bestens geeignet für das Dessert.

Romantisches Menü

RIESENGARNELEN IM BACKTEIG
MIT SCHARFEM DIP

ORIENTALISCHE NABE-SUPPE

EISCREME AUS GRÜNEM TEE MIT
SCHOKOLADENSAUCE

Für 2 Personen

Tischdekoration

Das Esszimmer kann schlicht und ruhig gehalten sein. Dafür sollte die Tischdekoration mehr Glanz und Energie verströmen, vergnüglich und heiter wirken.

Glänzendes Besteck, Serviettenringe, Kerzenständer und andere Gegenstände aus Metall beschleunigen den Fluss des Chi und reflektieren es in unterschiedliche Richtungen – die Energie ist so ständig in Bewegung. Von den Metallen sind Silber und Gold am geeignetsten – Silber ist förmlicher, Gold eleganter. Wird das Hauptgericht mit Stäbchen gegessen, sind Stäbchen mit Verzierungen in Rosa, Rot oder Violett besonders effektiv. Tischdecken, Servietten und Geschirr in Blassgelb, Rosa, Hellgrün oder Pastellblau wirken beruhigend auf den Energiefluss und die Atmosphäre.

Bilder von Paaren oder mit romantischem Thema stärken das Zusammengehörigkeitsgefühl.

GEDÄMPFTES LICHT Besser als Direktbeleuchtung oder grelle Lampen sind Strahler, die das Licht an der Decke oder den Wänden reflektieren. Je niedriger die Beleuchtung angebracht ist, desto gemütlicher und schmeichelnder die Atmosphäre.

STÜHLE Am besten eignen sich bequeme Sitzgelegenheiten mit rosa oder blassgelben Polstern, weichen Kissen oder Hussen.

Riesengarnelen im Backteig
mit scharfem Dip

6 Riesengarnelen (3 pro Person)
1 TL Fünf-Gewürze-Pulver
1 TL Ingwerpulver
1 TL Meersalz
1 TL zerstoßener schwarzer Pfeffer

FÜR DEN BACKTEIG

2 Eiweiße
Saft von 1 Zitrone
1 Prise Salz
100 g Maisstärke
Pflanzenöl zum Frittieren

FÜR DEN DIP

100 ml Shoyusauce (Leichtprodukt)
1 EL Honig
1 EL geröstete Sesamsamen
25 ml Reiswein
1 roter Chili, entkernt und gehackt

ZUM GARNIEREN

Rucolablätter, mit Olivenöl, Limettensaft und Salz verfeinert

1 Ungegarte Garnelen in siedendem Wasser (mit etwas Olivenöl und Gewürz) oder Fischbrühe blanchieren; dann sofort unter fließendem Wasser abschrecken. Auf Küchenpapier abtropfen lassen.

2 Die Garnelen bis auf den Schwanz schälen. Gewürze und Ingwer in einer kleinen Schüssel mit Salz und Pfeffer mischen. Die Garnelen rundum gleichmäßig in der Mischung wälzen.

3 Für den Backteig die Eiweiße mit Zitronensaft und Salz steif schlagen, dann die Maisstärke unterziehen. Die Masse rühren, bis sie dickflüssig, aber noch schaumig ist. Wenn nötig, mit etwas kaltem Wasser verdünnen.

4 Für den Dip die Shoyusauce mit Honig erhitzen, Sesam und Wein einrühren. Das Ganze reduzieren, dann Chili dazugeben. Den Dip in eine Schüssel füllen und im Kühlschrank erkalten lassen.

5 Das Öl in einem Frittiertopf auf 375 °C erhitzen. Die Garnelen am Schwanz halten und in den Teig tauchen, dann für 1 Minute im heißen Öl frittieren. Abtropfen lassen und noch warm mit Salat servieren.

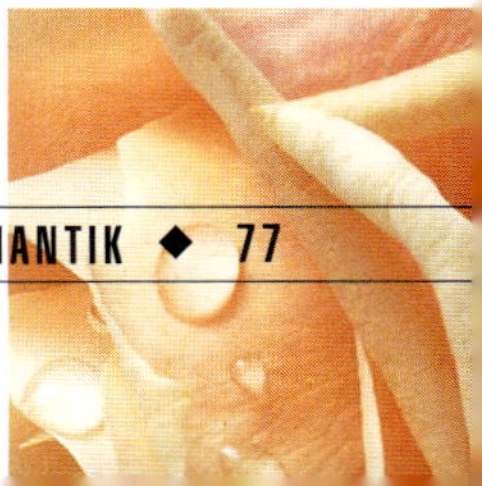

1 Das Öl in einem großen Topf bei mittlerer Hitze erwärmen, dann Frühlingszwiebeln 5 Minuten darin glasig dünsten, nicht bräunen. Pilze zugeben und für weitere 1–2 Minuten dünsten.

2 Gemüsebrühe, Jalapeños, Rettich, Hoisin-Sauce, Reissirup und Shoyusauce zu den Pilzen und Zwiebeln geben und alles 5 Minuten schwach kochen lassen, dann würzen. Schmeckt die Suppe bitter, salzig oder sauer, noch etwas Hoisin-Sauce und Reissirup hinzufügen; schmeckt sie zu süß, Shoyusauce zugeben.

3 Nudeln und die passierte Kochflüssigkeit der Austern zugeben, weitere 5 Minuten garen.

4 Zum Schluss Austern, Koriandergrün und Gurkenscheiben zugeben, 5 Minuten köcheln lassen, dann Limettensaft hinzufügen und, wenn nötig, salzen. In einer Schüssel in die Mitte des Tisches stellen.

Orientalische Nabe-Suppe
mit Reisnudeln

1 EL Traubenkernöl
4 Frühlingszwiebeln oder Schalotten, halbiert
8 Shiitake-Pilze, fein geschnitten
1 l klare Gemüsebrühe (S. 150)
2 eingelegte rote Jalapeños (S. 149)
2 eingelegte grüne Jalapeños (S. 149)
1 eingelegter, kleiner Daikon-Rettich, fein geschnitten (S. 149)
2 EL Hoisin-Sauce
1 EL Reissirup oder Honig
1 EL Shoyusauce
50 g Reisnudeln
12 Austern (ersatzweise Krustentiere), aus der Schale gelöst (Kochflüssigkeit abseihen und aufbewahren)
1 Bund Koriandergrün, gehackt
Dünne Gurkenscheiben, geviertelt
Saft von 1 Limette
Salz und frisch gemahlener schwarzer Pfeffer

steven

Diese Suppe kann man gut mit einem Partner teilen. Bei der Wahl der Speisen für ein Dinner zu zweit kann es sehr reizvoll sein, wenn alle Zutaten in einem Topf zubereitet und aus einer Schüssel gegessen werden. Ein pikantes Gericht wie orientalische Nabe-Suppe oder Fondue genießt man am besten gemeinsam und kommt sich dabei näher.

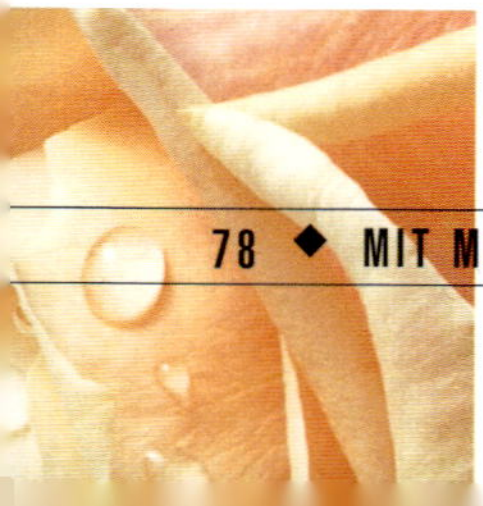

Das Funkeln von Kristallgläsern beschleunigt den Fluss des Chi im Raum, wenn es von glatten, glänzenden Flächen reflektiert wird.

Vegetarier können die Garnelen durch Gemüse wie Karotten, Blumenkohl, Rüben oder Pilze ersetzen. Als Hauptspeise sind Austern, aber auch Hummer, Krebs, Krabben oder Muscheln ein gutes Aphrodisiakum. Nach Belieben kann man auch Kabeljau- und Dorschstücke verwenden. Deftiger wird die Suppe mit gekochtem Hühnerfleisch oder dünnen Scheiben Rindfleisch, die man 2 Minuten in der Suppe gart.

Eiscreme aus grünem Tee mit Schokoladensauce

1 EL frische Grünteeblätter
250 g Sahne
6 Eigelbe
150 g extrafeiner Zucker
250 g Sojajoghurt

FÜR DIE SCHOKOLADENSAUCE

50 g zartbittere Schokolade
150 g Sojajoghurt, Sojamilch oder Sahne

1 Die Teeblätter mit der Sahne bei starker Hitze zum Kochen bringen. Inzwischen Eigelbe und Zucker in einer Schüssel verrühren, bis die Masse blassgelb ist, dann die Tee-Sahne-Mischung unterziehen und alles nochmals gut verrühren.

2 Sojajoghurt unter die Masse heben, alles in die Eismaschine füllen und gefrieren lassen. Oder die Masse in eine gekühlte Schüssel füllen und 1 Stunde im Gefrierschrank erkalten lassen, dann herausnehmen, gut durchrühren und wieder einfrieren. Diesen Vorgang mehrmals wiederholen, bis das Eis serviert wird.

3 Vor dem Verzehr die Schokolade über dem Wasserbad schmelzen, dann Sojajoghurt unterziehen. Die Eiscreme portionsweise anrichten und mit warmer Schokoladensauce übergießen.

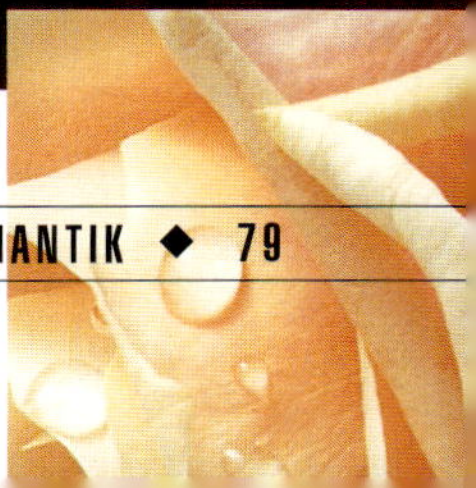

Echte Entspannung findet man, wenn man für ausreichend Yin-Chi sorgt : Stress wird abgebaut, Alltagsprobleme treten in den Hintergrund. Am besten umgibt man sich dazu mit beruhigender Wasserenergie – das Element Wasser fördert Nachdenken und Ruhe –, mit weichen Formen und Accessoires in blassgelber Farbe.

Perfekte Rezepte zur Entspannung

Um gesund und glücklich zu sein, muss man ab und zu abschalten und den Alltagsstress ablegen können. In der Regel ruht man sich beim Schlafen aus. Reicht der nächtliche Schlaf nicht mehr aus, können Dehnübungen, Meditation und Spaziergänge in freier Natur zu zusätzlicher Entspannung verhelfen. Was und in welcher Atmosphäre man isst, beeinflusst außerdem die Fähigkeit, sich entspannen zu können und zu innerer Balance zu finden.

MENÜPLANUNG

Bei Stress produziert der Körper mehr Magensäure, die teils vom Blut absorbiert wird. Zu viel Säure kann den Magen-Darm-Trakt reizen. Bei Stress und starkem Erholungsbedürfnis ist es daher sinnvoll, sich säurearm zu ernähren. Salz verhindert, dass der Körper – besonders Herz und Blutgefäße – Stress bekämpft. Da Salz viel Yang bietet und Stress begünstigt, sollte es so sparsam wie möglich verwendet werden.

Allgemein sind Mahlzeiten, die mild und süß schmecken, besser geeignet, Stress entgegenzuwirken. Die verwendeten Nahrungsmittel enthalten solide Erdenergie und fördern das Empfinden von Ruhe und Sicherheit.

Außerdem tragen schonende Garmethoden, zum Beispiel das Blanchieren von Gemüse, ebenso dazu bei, mit Stress besser fertig zu werden.

Das hier vorgeschlagene Entspannungsmenü bietet eine schmackhafte, leichte Suppe, die durch die Gemüsezutaten zu Yin tendiert. Um Magensäure zu reduzieren, verwendet man Gemüsebrühe statt trockenem Weißwein. Suppe enthält meist fließende Wasserenergie, die hilft, Spannungen abzubauen.

Das Hauptgericht ist ein Gemüseauflauf, der durch die Natursüße der geschmorten Rüben, Karotten und Zwiebeln ebenfalls viel Yin bietet. Außerdem betont Reissirup die Yin-Süße. Der Wein kann bei Magenproblemen durch milde Gemüsebrühe ersetzt werden. Couscous ist ein leichtes Yin-Getreide mit beruhigender Wirkung – daher eine optimale Beilage.

Der delikate Nachtisch mit Honig, Himbeeren und in Cointreau eingelegten Rosinen bietet beruhigendes Yin. Durch Joghurt wird er cremig; Honig und Rosinen liefern natürliche Süße. Es überwiegt das Erdelement, das Ruhe und innere Kraft verleiht.

Ein wärmendes Getränk unterstützt die Suche nach Entspannung. Säurehaltige, stimulierende Getränke wie Kaffee oder Softdrinks mit Zuckerzusatz sind nicht zu empfehlen. Umso besser sind erwärmter Bio-Apfelsaft mit warmem Wasser vermischt oder Kräutertees wie Kamille. Japanischer grüner Tee mit leicht säureregulierender Wirkung nach dem Essen ist ebenfalls äußerst magenfreundlich.

Beim Essen soll man Ruhe finden. Durch Anspannung wird mehr Magensäure produziert und die Gefahr von Übersäuerung und damit verbundenem Unwohlsein und Magenbeschwerden erhöht. Im Sitzen hat der Magen die zur Verdauung optimale Form. Am besten lässt man zwischen Haupt- und Nachspeise eine Pause, um schwerer verdauliche Bestandteile des Hauptgerichts vor dem Dessert zu verdauen und so Unbehagen vorzubeugen. Jeder Bissen sollte mindestens dreißigmal gekaut werden, damit sich Nahrung und Speichel gut mischen und das Essen weniger säurehaltig und leichter bekömmlich ist.

RAUMGESTALTUNG

Zur Entspannung benötigt man mehr Yin-Chi, das Aktivität und Ungeduld dämpft, Besonnenheit und Friedfertigkeit fördert. Bei einem Yin-Gericht in einer Yin-Atmosphäre kann man am besten zur Ruhe finden.

Dazu werden Yin-Farben wie Blassgelb, Hellblau, Hellgrün und Rosa eingesetzt. Je heller und blasser ein Farbton, umso mehr Yin hat er und umso entspannender wirkt er.

Es gilt außerdem, den Energiefluss zu verlangsamen und Räume oder Situationen zu vermeiden, in denen das Chi geradlinig fließt und sich beschleunigt – etwa in Korridoren, an scharfen, vorstehenden Kanten oder mehreren Türen nebeneinander. Am einfachsten lässt sich der Energiefluss durch die Dekoration mit Pflanzen vor ungünstigen Ecken und in Fluren verlangsamen. Dadurch wird natürliches Chi verströmt und schnell fließendes verlangsamt. Außerdem kann man den Energiefluss durch Stoffe aufhalten, etwa mit Vorhängen, Teppichen, Läufern und Kissen.

Zum Entspannen ist eine niedrig angebrachte, indirekte Beleuchtung am geeignetsten. Niedrig stehende Tischlampen blenden nicht. Lampenschirme oder Licht, das an der Wand reflektiert wird, dämpfen direktes Licht. Kerzen mit orangerotem Schimmer verbreiten ebenfalls eine entspannende Atmosphäre.

Spiegel verstärken das Yang in einem Raum und sind daher eher zu meiden. Für einen geruhsamen Abend sollte ein großer Spiegel in der Nähe des Esstischs mit einem pastellfarbenen Stoff oder Vorhang verhängt werden.

Blumen in blassen Farben sind optisch beruhigend, vor allem wenn sie keine spitzen, sondern runde Formen haben, wie etwa Maiglöckchen und Iris. Zum Arrangement bieten sich bauchige Vasen aus trübem Glas an.

Pflanzen mit rundlichen Blättern erzeugen sanftes Yin-Chi, das zu Ruhe und Entspannung beiträgt. Durch buschige Pflanzen wirkt ein Raum weicher und beruhigend auf Augen und Gedanken. Ein Ficus ist gut geeignet, ebenso ein Fensterblatt, ein Geldbaum oder Gummibaum. Pflanzen reinigen außerdem die Luft und dämpfen Geräusche.

Landschaftsbilder in Aquarell oder Bilder von Seen, Flüssen und Bächen fördern die Entspannung. Ein Gemälde in gedämpften Farben und mit fließenden Formen wirkt meist beruhigend. Zur Raumgestaltung eignen sich auch Skulpturen und Objekte mit weichen, runden Formen, die mit Wasserenergie assoziiert werden. Nahe liegend wäre eine Skulptur des menschlichen Körpers in entspannter Pose oder die eines schlafenden Tieres.

Auch Musik hat großen Einfluss auf das Chi. Die Schallwellen der Musik gelangen ins äußere Energiefeld und können das Chi dort entweder beruhigen oder stimulieren, die Stimmung und Gemütsverfassung so völlig verändern. Nicht aus-

Entspannungs-Menü

SELLERIECREMESUPPE
MIT MUSKAT
UND ZIMT

GEMÜSEAUFLAUF
MIT PILZEN
UND SPINAT

HIMBEEREN MIT HONIG
UND ROSINEN
IN COINTREAU

Für 4 Personen

gesprochen rhythmische Klänge sind eher Yin und daher entspannend, etwa sanfte klassische Musik – die aber durchaus dramatische Sätze enthalten und für einen Stimmungsumschwung sorgen kann.

Das Geräusch von Wasser auf Steinen oder von einem Wasserfall gilt in der Feng-Shui-Lehre als besonders beruhigend, da es ein ganzes Tonspektrum abdeckt, Geräusche der Umgebung assimiliert und den Raum sanft erfüllt.

Es kommt vor, dass man im Unterbewusstsein eine Melodie mit einer bestimmten Situation assoziiert, in der man ganz entspannt war. Es kann sich um ein Lied aus dem Sommerurlaub handeln, das an einen hellen Sandstrand oder eine schöne Landschaft erinnert. Durch das Anhören der Melodie versetzt man sich erneut in diese Situation, und die Ruhe und Ausgeglichenheit, die man damals empfand, kehrt zurück.

SITZORDNUNG

Um sich zu erholen, setzt man sich am besten mit Blick in die Himmelsrichtungen der untergegangenen Sonne (Nacht) oder der untergehenden Sonne, also mit Blick gegen Norden, Nordwesten, Westen oder Südwesten. Der Norden bietet am meisten friedvolle Chi-Energie.

Tischdekoration

Zur Verstärkung des Wasserelements verwendet man möglichst eine ausgefallene Tischform, etwa einen nierenförmigen Tisch oder einen Tisch mit vielen Rundungen. Eine runde oder ovale Form oder abgerundete Ecken begünstigen das Yin. Ein scharfkantiger Tisch sollte deshalb unbedingt mit einem dicken Tischtuch bedeckt werden.

Zur Entspannung sind niedrige, bequeme Stühle gut geeignet, gepolsterte Sitze verlangsamen den Energiefluss. Alternativ kann man andere Stühle mit weichen Kissen und Stoffen versehen – etwa mit einem hellen Kissenbezug oder Überwürfen in Pastellfarben.

LAMPEN Tischlampen, Wandlampen oder Rauchglaslampen, Schirme aus perforiertem Material oder farbigem Stoff erzeugen ein warmes, beruhigendes Chi.

Unabhängig von der Tischform kann ein Tischtuch aus weichem Stoff und in möglichst entspannenden Yin-Farben wie Blassgelb, Hellblau oder Hellgrün den Energiefluss verlangsamen.

Geschirr, Besteck und Tischdekoration sollten ebenso gehalten sein und abgerundete Formen und Muster zur Verstärkung des Wasserelements haben. Hölzerne Stäbchen oder Löffel, Teller, Serviettenringe und Kerzenständer bieten viel Yin zur Entspannung.

Es empfiehlt sich, die Vorhänge zuzuziehen und kalte Böden mit Teppichen zu bedecken. Weiche Muster wie Wellen, verschlungene oder unregelmäßige, sanfte Formen wirken meist beruhigend.

KRISTALLE Kristallkugeln verbreiten das Chi im Zimmer und reflektieren es in dunkle Ecken. Eine Kristallkugel am Fenster taucht einen dunklen Raum in Sonnenlicht.

WASSERGEFÄSSE Wasser schafft eine entspannende, meditative Atmosphäre, vor allem, wenn es leise im Hintergrund plätschert und andere Geräusche dämpft. Die Feng-Shui-Lehre setzt häufig Aquarien ein, da sowohl Wasser als auch Fische beruhigend wirken.

steven

Bei warmer, wohltuender Suppe und gebackenem Gemüse oder Fisch kann ich abschalten. Als ich mich als Gastronom selbständig machte und anfangs immer erst gegen Mitternacht völlig erschöpft nach Hause kam, hatte meine Mutter immer einen Teller Suppe mit Brot und Käsegebäck bereitgestellt. Dabei konnte ich mich mit einem Glas Rotwein und hoch gelegten Füßen vor dem Fernsehgerät entspannen. Ich war damals erst 16 Jahre alt, aber es hat sich nichts geändert!

Selleriecremesuppe mit Muskat und Zimt

1 Knolle Sellerie, geschält (in 2 cm großen Würfeln)
1 große Zwiebel, geschält, in Ringen
2 Knoblauchzehen, geschält, in Scheiben
500 g Sahne
250 ml klare Gemüsebrühe (S. 150)
Salz und frisch gemahlener weißer Pfeffer
Zimt und frisch geriebener Muskat

1 Selleriewürfel, Zwiebel, Knoblauch und Sahne bei starker Hitze unter Rühren aufkochen. Brühe dazugeben und Sellerie 15–20 Minuten weich kochen.

2 Das Ganze in der Küchenmaschine pürieren und durch ein feinmaschiges Sieb in einen Kochtopf abgießen, dann würzen.

3 Vor dem Servieren mit frisch geriebenem Muskat und Zimt bestreuen. Für eine schaumige Oberfläche jedem Teller Suppe unter kräftigem Rühren 2 Esslöffel kalte Milch beifügen.

Gemüseauflauf mit Pilzen und Spinat

8 mittelgroße Rüben, geschält (in 8 cm lange Streifen geschnitten)
3 mittelgroße Karotten, geschält (in 8 cm lange Streifen geschnitten)
2 mittelgroße Zwiebeln, geschält, in Ringen
2 Stangen Lauch (in 8 cm lange Streifen geschnitten)
1 EL Reissirup oder Honig
1 l klare Gemüsebrühe (S. 150) oder 250 ml Weißwein und 750 ml Wasser
1 Thymianzweig
2 Knoblauchzehen, geschält und gehackt
250 g Champignons, fein geschnitten
1 EL Traubenkernöl oder Olivenöl
1 TL frischer Estragon, zerpflückt
Salz und frisch gemahlener schwarzer Pfeffer
225 g junger Spinat
300 g Sahne
150 g Parmesan, frisch gerieben
2 große Kartoffeln, geschält, fein geschnitten

1 Backofen auf 150 °C vorheizen. Rüben, Karotten, Zwiebeln und Lauch in eine Auflaufform füllen, mit Reissirup und Gemüsebrühe aufgießen. Thymian und Knoblauch zugeben. Würzen, mit Alufolie abdecken und für 45 Minuten in den Backofen geben, dann im Mixer pürieren.

2 Die Pilze in etwas Öl bei mittlerer Hitze 1–2 Minuten braten, dann Estragon zugeben und würzen, rohen Spinat zufügen. Eine Lage Spinat und Pilze in die Auflaufform schichten, das pürierte Gemüse darüber geben.

3 Die Sahne bei mittlerer Hitze zum Kochen bringen, 100 g Parmesan zugeben und würzen.

4 Die Käsesauce über das Gemüse in der Auflaufform gießen, dann das Gemüse mit den geschnittenen, rohen Kartoffeln belegen. Gut würzen und für 15 Minuten bei 200 °C in den Backofen geben. Nun den restlichen Parmesankäse auf dem Auflauf verteilen und das Ganze weitere 5–10 Minuten goldbraun backen.

Himbeeren mit Honig und Rosinen in Cointreau

2 EL getrocknete Rosinen
2 TL Cointreau
2 EL heller Honig
400 g frische Himbeeren
300 g Naturjoghurt
4 frische Minze

1 Die Rosinen in Cointreau 30 Minuten ziehen lassen, dann Honig einrühren und Himbeeren zugeben. Alles gut, aber vorsichtig mischen, damit die Himbeeren ganz bleiben.

2 Das Ganze in eine Schüssel füllen und mit Joghurt mischen. Bis zum Verzehr in den Kühlschrank stellen.

3 Zum Servieren die Mischung in gekühlte Dessertgläser füllen, mit einem frischen Minzezweig garnieren.

Wenn Energie in verschiedene Richtungen strömt, wird Kreativität freigesetzt – man sieht die Welt mit anderen Augen. Dann lehnt man sich am besten zurück und lässt der Fantasie freien Lauf.

Kreativität

Frische Nahrungsmittel fördern

Eine Umgebung mit kreativem Chi fördert die Entstehung neuer Gedanken und Ideen – ob im Bereich von bildender Kunst, Musik, Schriftstellerei, Fotografie, Film oder Theater. Auch das kreative Schaffen anderer kann die eigene Kreativität stimulieren.

Eine kreative Mahlzeit spricht die Sinne an, bietet Anregungen für Gespräche und bringt neue Ideen hervor. Je ausgefallener ein Geschmackserlebnis ist, desto stärker verändert sich die Wahrnehmung, desto originellere Vorstellungen entstehen. Eine veränderte Atmosphäre oder ungewohnte Speisen enthalten anderes, neues Chi, das die Gedanken und Kreativität in eine ungewohnte Richtung lenken kann.

Ein starker Yin-Yang-Kontrast stößt das kreative Denken an, obgleich es unter Umständen schwieriger wird, diese neuen Ideen in die Praxis umzusetzen.

Alle fünf Elemente fördern auf bestimmte Weise die kreativen Eigenschaften: Wasser die Kunst, Holz die Produktivität, Feuer die Selbstdarstellung, Erde die Geschicklichkeit und Metall den guten Geschmack. Wenn alle fünf Elemente im Alltag umgesetzt werden, entsteht eine Atmosphäre, die frische Schaffenskraft und Kreativität spendet.

MENÜPLANUNG

Mehr Abwechslung beim Essen stimuliert die Kreativität. Sushi eröffnen eine ausgezeichnete Gelegenheit auf dem Weg dahin, sie bieten sich geradezu an, mit interessanten Zutaten zu experimentieren. Die folgenden Menüvorschläge umfassen Sushi mit verschiedenen Zutaten kreativ kombiniert, frisch und anregend. Wasabi-Paste, beliebt für Sushi und Dip, stimuliert das kreative Denken. Zum Aufrollen der Sushi wird Nori verwendet, der reich an Mineralstoffen ist und dem Gehirn wichtige Nährstoffe liefert. Sushi sind meist leicht; sie sättigen, ohne eine Völlegefühl oder Schwere in der Magengegend hervorzurufen und die Kreativität dadurch zu beeinträchtigen.

Mixgetränke wirken anregend – ein Cocktail aus verschiedenen, frisch gepressten Säften kann das Chi sehr schnell steigern. Zu den stimulierenden Getränken zählen auch Zitronen-, Ingwer- und Pfefferminztee sowie schwarzer Kaffee.

RAUMGESTALTUNG

Um eine Atmosphäre zu schaffen, die inspiriert, sollte die Umgebung hell und sauber sein und großzügig wirken, ein Raum, in

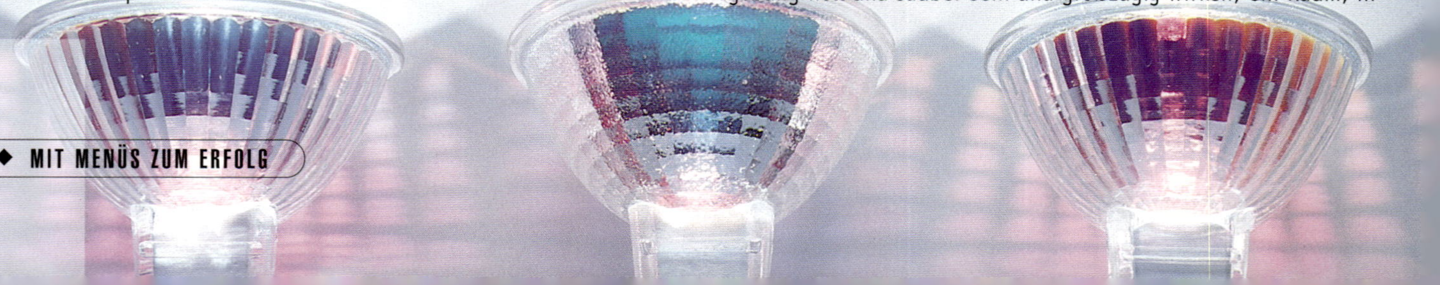

dem das Chi leicht fließen kann. Leuchtende Farben wie Rot, Gelb, Violett, Blau und Grün haben die gleiche Ausstrahlung und fördern die Kreativität. Vor einem neutralen Hintergrund aus Weiß oder Blassgelb kommen sie am besten zur Geltung. Rot ist eine dynamische Yang-Farbe zur Steigerung der Energie und Aktivität. Kräftiges Violett wird mit starker Leidenschaft und Gefühl assoziiert. Leuchtendes Gelb regt das Gehirn an. Ein starkes Himmelblau bringt Weitsicht und Inspiration. Lebendige Grüntöne steigern Aktivität, Selbstvertrauen und Fortschritt.

Großzügigkeit und Weite schaffen eine Atmosphäre, die inspirierend wirkt. Wenn man einen Garten oder eine große Terrasse besitzt, hat man daher ganz ideale Bedingungen, wenn der Esstisch bei gutem Wetter im Freien stehen kann. Andernfalls ist aber auch ein Fensterplatz oder Erker mit Blick ins Grüne vielversprechend.

SITZORDNUNG

Für größtmögliche Kreativität setzt man sich mit Blick nach Osten, in Richtung der aufgehenden Sonne. Man begünstigt so das Chi, das mit dem Tagesanfang und Frühling in Verbindung gebracht wird und zu neuen Ideen und Projekten anregt. Gegenüber Südosten zu sitzen ist ebenfalls günstig, da dort die Fantasie angeregt wird und das beste Chi für künstlerisches Schaffen und neue Lösungsansätze fließt. Der Süden regt den Geist an; seine Feuerenergie kann helfen, Wege zur besseren Selbstdarstellung zu finden. Der Norden begünstigt das Chi für Unabhängigkeit und Individualität.

So wählt man die jeweils geeignete Richtung. Nimmt man etwa ein neues Projekt in Angriff, verhilft die Blickrichtung Osten zu mehr Motivation und Antrieb. Dagegen stößt die Blickrichtung Südosten zu neuen, originellen Ideen an.

Der Süden hilft, kreative Ideen zu verbreiten. Der Norden ist optimal, wenn man in sich kehren und ganz von vorn anfangen will.

Helle Lichtstrahler verstärken den Energiefluss, besonders wenn sie nach oben und in die Ecken gerichtet sind. Optimal sind Halogenleuchten, die trotz geringer Spannung so hell und intensiv wie starke Lampen sind. Man kann auch mit farbigem Licht und Glas oder bunten Stoffrollos eine anregende Stimmung im Raum schaffen.

Kreatives Menü

MARINIERTE THUNFISCH-SUSHI

MUSCHEL-SUSHI
MIT GERÖSTETEN
SESAMSAMEN

GEBACKENE TAMARILLOS
MIT KOKOS- UND
ZITRONENGRASEIS

Für 4 Personen

Tischdekoration

Ein großer Raum mit einem großen runden Tisch ist geradezu ideal für eine kreative Atmosphäre. In einem geräumigem Zimmer kann man den Gedanken freien Lauf lassen. Ein ovaler, quadratischer oder rechteckiger Tisch kann durch Gedecke in unterschiedlichem Abstand zueinander optisch ausgeglichen werden. Eine glänzende Tischoberfläche aus Glas oder lackiertem Holz bietet reflektive Energie und stimuliert die Kreativität. Große Gläser, Teller und Schüsseln auf einem ausladenden Tisch schaffen Freiraum für neue Gedanken und Ideen, während ein kleiner, überfüllter Tisch beengend wirkt. Glänzendes Besteck fördert den Energiefluss und schafft eine anregende Atmosphäre. Auch ungwöhnliche Formen beflügeln die Fantasie.

FANTASIEVOLLES GESCHIRR

Geschirr in leuchtenden Farben und Mustern stimuliert. Verschlungene Muster stärken die Wasserenergie der Mahlzeit und begünstigen eine Atmosphäre, in der man in sich kehren und nachdenken kann. Ungewöhnliche Formen wie eckige Teller können die Vorstellungskraft anregen.

PFLANZEN UND BLUMEN

Pflanzen, die nach oben streben – im Gegensatz zu solchen, die hängen oder in die Breite wachsen – haben, wie auch Pflanzen mit spitzen Blättern, eine anregende und stimulierende Wirkung. Farne und Palmen sind gute Beispiele dafür.

KERZEN Kerzenlicht stärkt die Feuerenergie, die mit neuen Ideen und geistiger Wendigkeit assoziiert wird. Im Südteil des Zimmers aufgestellt, „entflammen" Kerzen das Feuerelement dieses Teils des Zimmers und verstärken seine Wirkung.

GEMÄLDE UND SKULPTUREN Provokative Gemälde und Skulpturen regen die Fantasie an. Wer glaubt, dass alles möglich ist, ist eher bereit, größere Herausforderungen anzunehmen.

Marinierte Thunfisch-Sushi

FÜR DEN MARINIERTEN THUNFISCH

2 EL Sesamöl

1 TL Ingwer, frisch gerieben

1 EL Shoyusauce

Saft von 2 Limetten

100 g Thunfisch, in dünnen Streifen (4 x $^1/_2$ x $^1/_2$ cm)

FÜR DIE SUSHI

5 EL japanischer oder thailändischer Klebreis

2 TL Salz

1 EL Reisessig

1 EL Zucker

1 TL Wasabi-Paste

1 Paket Nori (10 Blätter)

100 ml Shoyusauce

Wasabi-Paste zum Servieren

1 Alle Zutaten für die Marinade mischen, den rohen Thunfisch hineinlegen. Abgedeckt für 1–2 Stunden in den Kühlschrank stellen.

2 Den Reis mit kaltem Wasser bedeckt zum Kochen bringen, Salz zugeben. Ohne Deckel leicht weiter kochen, bis der Reis das Wasser aufgenommen hat (etwa 20 Minuten), dann vom Herd nehmen und 20 Minuten ruhen lassen.

3 In einem anderen Topf Reisessig mit Zucker kochen, bis der Zucker gelöst ist, dann vom Herd nehmen. Den gekochten Reis in eine Porzellanschüssel füllen und die Essig-Zucker-Lösung vorsichtig unter den Reis rühren. Wasabi-Paste zugeben, nochmals durchrühren.

4 Je ein halbes Noriblatt auf eine Bambusrollmatte oder ein Stück Klarsichtfolie legen, dann mit etwas Shoyusauce bestreichen. Zwei Drittel des Noriblatts mit Reis bestreichen, seitliche Ränder dabei aussparen. Thunfischstreifen in die Mitte auf den Reis legen. Das Ganze vorsichtig aufrollen, beginnend mit der mit Reis bedeckten Seite. Das Noriblatt sollte die Füllung gut umschließen und am Ende etwas überstehen.
Die fertigen Sushi-Rollen in 4–5 Stücke teilen, mit Shoyusauce und Wasabi-Paste servieren.

Muschel-Sushi
mit gerösteten Sesamsamen

FÜR DIE MUSCHELN

$^1/_2$ EL Olivenöl
2 Schalotten, geschält und fein gehackt
2 Knoblauchzehen, geschält und fein gehackt
12 Muscheln, gewaschen und gesäubert
100 ml Weißweinessig
200 ml Weißwein
1 EL Dill, gehackt
1 EL Kapern, gehackt
Schwarzer Pfeffer

FÜR DIE SUSHI

5 EL japanischer oder thailändischer Klebreis
2 TL Salz
1 EL Reisessig
1 EL Zucker
1 TL Wasabi-Paste
1 Paket Nori (10 Blätter)
2 EL geröstete Sesamsamen
100 ml Shoyusauce
Wasabi-Paste

1 Für die Muscheln das Öl bei schwacher Hitze erwärmen, Schalotten und Knoblauch darin 5 Minuten glasig dünsten, nicht bräunen.

2 Die Hitze verstärken. Muscheln zu Schalotten und Knoblauch geben, Essig und Wein hinzufügen. Die Pfanne abdecken und kräftig schwenken, damit die Muscheln sich öffnen. Nochmals 3–5 Minuten garen, Muscheln vom Herd nehmen und abkühlen lassen.

3 Muschelfleisch aus der Schale lösen und in die Kochflüssigkeit geben, Dill und Kapern zugeben und mit Pfeffer würzen. Für intensiveren Geschmack 1–2 Tage im Kühlschrank ruhen lassen. Gut verschlossen ist die Suppe im Kühlschrank bis zu einer Woche haltbar.

4 Wie auf Seite 89 beschrieben, Reis und Sushi ohne Thunfisch zubereiten.

5 Die Sushi-Häppchen mit je einer Muschel und Schalotten garnieren, mit etwas Sud beträufeln und in gerösteten Sesamsamen wenden, dazu Shoyusauce und Wasabi-Paste reichen und sofort servieren.

steven

Manchmal fühle ich mich beim Kochen wie Picasso, wenn ich Gerichte mit gefärbtem Öl dekoriere und etwas Neues zaubere! Ein guter Koch ist stets kreativ. Es macht Freude, mit verschiedenen Zutaten wie Meeresfrüchten, Räucherlachs und Pilzen zu experimentieren und neue Geschmacksvarianten und Garnierungen für Sushi zu erfinden.

Gebackene Tamarillos mit Kokos- und Zitronengraseis

FÜR DAS EIS

250 ml Kokosmilch

$^1/_2$ Vanilleschote

1 Zitronengraszweig, längs geteilt

3 Eigelbe

50 g extrafeiner Zucker

6 EL Kokosflocken

FÜR DIE GEBACKENEN TAMARILLOS

2 große Tamarillos

120 g brauner Rohrzucker

50 ml lieblicher Weißwein

100 ml Orangensaft

Puderzucker zum Bestäuben (nach Belieben)

1 Kokosmilch, Vanillestange und Zitronengras bei starker Hitze zum Kochen bringen.

2 Eigelbe und Zucker in einer Schüssel cremig schlagen, 3 EL Kokosflocken unterziehen, dann in die siedende Kokosmilch rühren. Vanilleschote und Zitronengras herausnehmen, beiseite stellen. Die Kokosmasse locker und schaumig schlagen.

3 Den Topf spülen und die Creme wieder in den Topf geben, bei schwacher Hitze unter ständigem Rühren kochen. Nach etwa 20 Minuten, wenn die Masse dickflüssig ist und an einem eingetauchten Löffel hängen bleibt, vom Herd nehmen, abkühlen lassen, dann durch ein feines Sieb streichen.

4 Die Masse in die Eismaschine füllen oder in einer gekühlten Glasschüssel einfrieren und 2–3 Stunden alle 30–45 Minuten gut durchrühren.

5 Wenn die Masse gefroren ist, 4 spitze Förmchen mit Kokosflocken ausstreuen. Das Eis in die Förmchen streichen und 30 Minuten gefrieren lassen, dann herauslösen und in Kokosflocken wälzen. Bis zum Servieren ins Gefrierfach stellen.

6 Backofen auf 170 °C vorheizen. Die Tamarillos halbieren (Stiele nicht entfernen) und mit der Schnittfläche nach oben in eine Auflaufform legen. Gleichmäßig mit braunem Zucker bestreuen und mit Wein und Orangensaft übergießen. Im Backofen 15–20 Minuten backen, bis das Fruchtfleisch saftig und zart ist.

7 Die Tamarillohälften auf vier vorgewärmte Teller setzen und nach Belieben mit etwas Puderzucker bestäuben, heiß zu den Eishütchen servieren.

Zusammenhalt und Familienharmonie

Harmonie in der Familie trägt dazu bei, dass jeder sich in Gesellschaft des anderen wohl fühlt. Wo man sich zusammen freut und gemeinsam positive Erfahrungen macht, entstehen gute Erinnerungen und innere Verbundenheit.

Jedes Familienmitglied hat seine individuellen Bedürfnisse und Wesenszüge. Die Feng-Shui-Lehre will zu einer Wohnatmosphäre und Ernährungsweise beitragen, die jeden anspricht und ernst nimmt.

Eine gemeinsam eingenommene Mahlzeit bietet die ideale Gelegenheit, den Zusammenhalt in der Familie zu stärken. Es ist von großer Bedeutung, dass die Bedürfnisse jedes Familienmitglieds berücksichtigt werden, jeder die Familie als Einheit schätzt und so positives Chi fließen kann. Am förderlichsten ist eine Yin-Atmosphäre mit belebender Holz- und entspannender Erdenergie.

MENÜPLANUNG

Alle Mahlzeiten sollten zu festgelegten Zeiten und am gleichen Ort eingenommen werden, wo alle sich um den Tisch versammeln und miteinander im Gespräch sind. Der Menüvorschlag auf der gegenüberliegenden Seite ist ein gutes Beispiel für ein gesundes Familiengericht. Es ist nicht extrem Yin oder Yang, auch nicht zu stimulierend oder zu scharf. Yin-Mahlzeiten mit zu viel Zucker heben den Blutzuckerspiegel stark an und können Gefühlsausbrüche verursachen. Yang-Mahlzeiten mit reichlich gesättigten Fettsäuren rufen hingegen eher Ärger und Aggressionen hervor.

Gebackenes hat relativ viel Metallenergie und fördert den Zusammenfluss der Energien. Dadurch wird der Familienzusammenhalt gestärkt. Geschmorter Kabeljau mit Zitrone ist leicht verdaulich, gesund und fettarm. Gerste enthält Kohlenhydratkomplexe und bietet Gesundheit für jedermann.

Auch Kirschkuchen mit Kokosteig stärkt die Verbundenheit. Die ausgewählten Zutaten und der Backvorgang verleihen ihm mehr Erdenergie. Soll die Harmonie in der Familie darüber hinaus gefördert werden, ist es besser, keinen Zucker zu verwenden.

Frisch gebrühter Tee ist ideal für Familienzusammenkünfte. Er schafft Wärme und Behaglichkeit, ohne zu stark zu stimulieren. Die Sorte Earl Grey eignet sich gut; Kamille wirkt eher beruhigend. Japanischer grüner Tee wirkt verdauungsfördernd und entspannend. Er ist für auch Kinder geeignet und schmeckt besonders erfrischend, wenn er mit Bio-Apfelsaft gemischt wird.

DIE WOHNATMOSPHÄRE

Wie gut die Familie sich versteht, hängt auch davon ab, wie sie wohnt und isst. Es kommt eher zu Spannungen, Streit und Meinungsverschiedenheiten, wenn die Wohnung zu klein oder unruhig bunt ist und zu viele glatte oder glänzende Flächen wie etwa Spiegel hat, die den Fluss des Chi beschleunigen und das Entspannen erschweren. Möbel und Böden aus Holz bieten wohltuende Holzenergie und sind ideal für ein gesundes, harmonisches Familienleben.

Die besten Farben für ein beruhigendes Chi sind Hellgelb, Creme, Hellgrün und Rosa. Gelb ist eine harmonische Farbe, die mit dem Zuhause, der Familie und Essen assoziiert wird. Es gibt verschiedene Gelbvarianten, blasse Yin-Töne sind am besten für eine entspannende Yin-Atmosphäre, kräftige, leuchtende eher für eine anregende Yang-Atmosphäre. Cremefarbe im Hintergrund wirkt beruhigend, während Grün entpannende Frische verleihen kann. Helle Pastellfarben schaffen einen friedlichen Yin-Effekt. Rosa wird mit Vergnügen und Zufriedenheit assoziiert und sollte sparsam verwendet werden, um Freude und Glück zu fördern.

Familien-menü

GESCHMORTER KABELJAU MIT GERSTE UND VANILLE

KIRSCHKUCHEN MIT KOKOSTEIG

Für 4 Personen

Einfallende Sonnenstrahlen sind wichtig für ein gesundes, glückliches Familienleben. Sonnenlicht frischt das Chi auf und vertreibt feuchtes und stagnierendes Chi, es belebt und beglückt. Am besten ist die gedämpfte, harmonische Nachmittags- und Abendsonne aus dem Südwesten, Westen oder Nordwesten. Sonnenstrahlen aus dem Südosten liefern aktives Chi und fördern gemeinsame Familienaktivitäten.

Pflanzen symbolisieren Lebenskraft und Wachstum und können sich positiv auf die Familie auswirken. Ideal für eine entspannende Yin-Atmosphäre sind Pflanzen mit großen, hängenden oder rundlichen Blättern, wie etwa ein Gummibaum. Spitze Blätter fördern eine Yang-Dynamik, die sich eher für weite, offene Räume eignet.

SITZORDNUNG

Wer mit Blick nach Südwesten, der Himmelsrichtung des Nachmittags, sitzt, genießt das Chi des geselligen Zusammenseins. Der Westen, die Richtung der untergehenden Sonne, fördert Zufriedenheit und die Freude an Gemeinschaft. Richtung Nordwesten kann man sich leichter beherrschen und besser mit Konflikten umgehen. Dagegen verbindet die Blickrichtung Norden mit der Nacht und dem Winter, unterstützt also Ruhe und Gelassenheit. Wer nach Südosten schaut, in Richtung des Chi, das mit Kommunikation assoziiert wird, kann aktiv sein und doch die Familienharmonie wahren.

Für jedes Familienmitglied sollte sich die passende Richtung finden. Wenn jemand leicht aggressiv reagiert, wirkt das Chi bei Blickrichtung Norden beschwichtigend. Umgekehrt kann es ernsten Menschen helfen, nach Westen, der Richtung für verspieltes, entspanntes Chi, zu schauen. Der Nordwesten hilft, die elterliche Autorität zu wahren, während der Südwesten Orientierung bietet, wenn man zerstreut und unschlüssig ist. Der Südosten schafft Abhilfe bei Langeweile und fehlender Motivation.

steven

Wenn ich Zeit mit meiner Familie verbringen möchte, koche ich etwas, das schnell und einfach zuzubereiten ist und das Haus mit herrlichen Düften erfüllt. Gebackenes eignet sich, wenn man sich austauschen will, und hat etwas Wärmendes und Beruhigendes. Als Beispiel habe ich hier weißen Fisch mit Duftreis gewählt. Wenn die Familie sich sehr nahe kommen soll, koche ich den Fisch im Ganzen. Das Lachsrezept auf Seite 137 ist auch zu empfehlen; selbst gebackener Kirschkuchen bildet den krönenden süßen Abschluss. Die Rezepte sind für 4 Personen berechnet, die Menge lässt sich je nach Bedarf variieren. Die vorgestellten Menüs führen die Familie zusammen und sorgen für eine herzliche, warme Atmosphäre.

FOTOS: *Der Zusammenhalt wird gestärkt, wenn die Wohnung mit Bildern dekoriert wird, die an glückliche Zeiten erinnern.*

KORB- UND RATTANMÖBEL: *Bequeme Sitzmöbel aus Korbgeflecht symbolisieren die „Verflechtung" der Familie und ermutigen dazu, viele Dinge gemeinsam anzugehen.*

Tischdekoration

Obwohl das Esszimmer entspannt und lässig wirken soll, ist es wichtig, den Tisch so zu dekorieren, dass die Harmonie in der Familie gefördert wird. An einem runden oder ovalen Tisch können sich alle miteinander austauschen und beim Sprechen ansehen. Ein hölzerner oder ein mit einem hellen Leinentischtuch bedeckter Tisch sorgt für eine ausgeprägte Yin-Atmosphäre. Tische mit Glas-, Metall oder Steinplatte begünstigen eher das Yang und somit Streitereien.

Der Tisch sollte nicht überfüllt sein. Wenn genügend Platz ist, ärgert man sich nicht so schnell oder fängt gar an zu streiten. Holzbesteck verlangsamt das Chi und schafft eine entspannte Stimmung. Auch matte Oberflächen – etwa ein Tuch aus weichem Stoff oder Leinen – verlangsamen den Energiestrom, da sie Chi absorbieren und so die Spannung nehmen. Cremefarbenes, hellgelbes, -blaues und -grünes oder rosa Geschirr und Servietten begünstigen das Yin-Chi und eine Atmosphäre, in der man sich wohl fühlt. Holzschalen verstärken das Yin ebenso.

Blumen mit hellen Blüten wie Gänseblümchen, Narzissen, Nelken und Sonnenblumen heitern auf. Am besten wirken cremefarbene, gelbe und rosa Blüten.

HANDARBEITEN

Dekorative Handarbeiten wie Vorhänge und Kissen oder Dinge, die farblich harmonieren oder von den Kindern gebastelt wurden, machen ein Esszimmer ausgesprochen wohnlich.

Geschmorter Kabeljau mit Gerste und Vanille

200 g Gerste
1 große Karotte, geschält und geraspelt
1 große Stange Lauch, klein geschnitten
1 kleine Zwiebel, geschält und fein gewürfelt
4 Knoblauchzehen, geschält und gehackt
Salz und frisch gemahlener schwarzer Pfeffer
800 g Kabeljau (oder ein anderer weißfleischiger Fisch), ohne Gräten und Haut, in 4 Portionen geteilt
2 unbehandelte Zitronen, in dünnen Scheiben
1 Thymianzweig
1 Lorbeerblatt
2 Blüten Sternanis
1 Vanilleschote, längs halbiert
$1^1/_2$ l Fischbrühe (S. 150)
100 ml Weißwein
Saft von 1 Zitrone
200 g Crème fraîche (Magerstufe)
2 EL frischer Kerbel (oder Fenchelkraut), gehackt

1 Backofen auf 150 °C vorheizen. Die Gerste 15 Minuten in siedendem Wasser bei mittlerer Hitze weich kochen, dann abgießen und abschrecken. Gerste abtropfen lassen und beiseite stellen.

2 Karotten, Lauch, Zwiebel und Knoblauch in eine Auflaufform füllen, alles würzen und Gerste darüber geben. Den Fisch darauf legen, gut würzen und mit Zitronenscheiben, dann Thymian, Lorbeer, Anis und Vanilleschote belegen, warme Fischbrühe darüber gießen. Mit Alufolie abdecken, einige Abzugslöcher machen, dann alles für 30–40 Minuten in den Backofen geben. Gegen Ende der Schmorzeit an dem Fisch mit einem scharfen Messer eine Garprobe machen.

3 Die Schmorflüssigkeit mit einem Löffel abschöpfen, dann durch ein feinmaschiges Sieb in einen sauberen Topf gießen. Bei starker Hitze erwärmen, Weißwein und Zitronensaft einrühren und die geschmorte Vanilleschote zugeben. Das Ganze 5 Minuten reduzieren, dann Crème fraîche einrühren und nochmals 5 Minuten reduzieren. In der Zwischenzeit den Fisch mit Alufolie bedeckt warm halten.

4 Die Sauce abschmecken und Kerbel oder Fenchelkraut zugeben. Die Sauce um den Fisch und die Gerste herum in die Auflaufform füllen. Thymianzweig, Lorbeerblatt, Vanilleschote und Sternanis entfernen. Das fertige Fischgericht am besten zu Kartoffelpüree oder würzigem Reis und kurz gegartem, frischem Gemüse servieren.

Kirschkuchen mit Kokosteig

FÜR DEN KOKOSTEIG

250 g Mehl

1 Prise Salz

150 g Kokosflocken

125 weiche Butter

1 Ei, verquirlt

FÜR DIE FÜLLUNG

400 ml Rotwein

1 TL Zimt

400 g frische Kirschen, entsteint

1 gehäufter EL Maisstärke

Saft von 1 Zitrone

100 g Kokosflocken

1 Eiweiß, leicht geschlagen (für die Glasur)

Puderzucker zum Bestäuben (nach Belieben)

1 Für den Teig Mehl und Salz in eine Schüssel sieben, Kokosflocken und Butter zugeben und alles mit den Fingern (oder im Mixer) verarbeiten. Nach und nach das Ei zugeben. Alles gut mischen, bis der Teig fest ist und nicht mehr bröckelt. (Ist er zu trocken, etwas Wasser zugeben.) In Klarsichtfolie gewickelt für 1 Stunde in den Kühlschrank stellen.

2 Backofen auf 220 °C vorheizen. Zwei Drittel des Teigs dünn ausrollen und in eine gefettete und mit Mehl bestäubte Springform von etwa 20 cm Durchmesser legen. Den Boden ein paarmal mit einer Gabel einstechen, dann für etwa 10 Minuten in den Backofen geben. Herausnehmen und die Backofentemperatur auf 190 °C zurückschalten.

3 Inzwischen für die Füllung Rotwein mit Zimt leicht erwärmen, dann Kirschen zugeben und etwa 20 Minuten schwach kochen lassen, bis die Kirschen weich sind. Maisstärke mit etwas Wasser vermischt zu den heißen Kirschen geben und alles gut umrühren, dann vom Herd nehmen, Zitronensaft einrühren und abkühlen lassen.

4 Den vorgebackenen Teigboden mit Kokosflocken bestreuen, dann die abgekühlte Kirschfüllung darüber geben. Das restliche Drittel Teig ausrollen und über die Kirschen legen, überstehende Enden abschneiden und Ränder andrücken. Mit einem scharfen Messer einkerben und mit Eiweiß bestreichen, dann 30–40 Minuten goldbraun backen.

5 Den fertigen Kuchen vorsichtig aus der Form lösen und auf eine Kuchenplatte setzen. Nach Belieben mit Puderzucker bestäuben und mit warmer Vanillesauce (S. 152) servieren.

Ein Abend voller Leidenschaft

Starkes Yang-Chi weckt ebenso starke Gefühle. Der schnelle Fluss der Energie regt die Leidenschaft an und schafft eine sinnliche Atmosphäre für die gemeinsame Mahlzeit. Das Feuerelement begünstigt tiefe Emotionen und Spontanität.

Leidenschaft ist geprägt von tiefen, heißen Gefühlen. Anhaltende Leidenschaft führt zu unbedingter Hingabe an einen Partner, ein Kind oder eine Sache wie etwa ein Hobby.

Die Mahlzeiten und die Atmosphäre, in der sie eingenommen werden, können die aufregenden Gefühle der Leidenschaft vertiefen. Schnell fließendes Yang-Chi, viel Licht und widerscheinende Oberflächen verstärken das Empfinden von Glanz und Bewegung. Leidenschaft entsteht nicht aus dem Nichts. Sie verlangt Feuerenergie, die das Chi aus dem Innern nach außen trägt und Sinnlichkeit und starke Gefühle stimuliert. Das unterstützende Chi des Feuerelements ist ein verlässlicher Helfer.

Leidenschaftliche Liebe muss auf Gegenseitigkeit beruhen; andernfalls reagiert der ersehnte Abendgast schnell verwirrt oder verärgert auf eine eindeutige Situation!

MENÜPLANUNG

Scharfes, frittiertes oder stark erhitztes Essen begünstigt das Feuerelement und unterstützt den Ausdruck der Gefühle. Der gewählte Menüvorschlag besteht aus zwei Gängen (leichter Haupt- und Nachspeise) und gewährleistet, dass man nach dem Essen nicht zu müde für das eigentliche Vergnügen ist.

Statt einer Vorspeise wählt man einen Cocktail, der wärmt und entspannt. Ein roter Drink mit kräftigem, fruchtigem Geschmack ist ein fulminanter Auftakt. Tomatensaft mit Wodka ist eine pikante, sinnliche „Bloody Mary". Oder man mischt den Saft von Grapefruits, Preiselbeeren oder schwarzen Johannisbeeren mit ausgewählten Spirituosen. Überraschende eigene Kompositionen sind auch interessant. Kohlensäure versetzt das Chi der Umgebung in Bewegung und schafft eine heitere, verspielte Atmosphäre. Champagner für diesen Anlass ist sehr verheißungsvoll.

Die Speisefolge beginnt mit einem Hauptgericht aus knusprigen Fisch-Spießchen mit interessanten, kräftigen Aromen. Knoblauch stimuliert die Sinne und verhilft bei regelmäßigem Verzehr zu mehr Gefühl. Zu viel Knoblauch ist dagegen nicht zu empfehlen, wenn man ohnehin zu Gefühlsbetontheit neigt. Die Chilischote liefert Feuerenergie und befördert das Chi aus tiefster Seele an die Oberfläche. Das Feuerelement wird außerdem betont, wenn die Zutaten für ein Essen bei starker Hitze im Wok zubereitet und heiß serviert werden.

Crêpes Suzette werden in der Pfanne flambiert. Sie bieten reichlich Feuerenergie, der Alkohol „entflammt" im wahrsten Sinne des Wortes! Er liefert zusätzliche feurige Chi-Energie.

Zu diesem Menü passt heißer Sake, der wärmend wirkt und die Gefühle intensiviert. Wer auf Alkohol verzichten möchte, wählt eisgekühlten Fruchtsaft mit Mineralwasser vermischt. Genießt man aber zum Schluss noch einen Likör oder Cognac, ist man innerlich ganz Feuer und Flamme!

Offene Flammen fördern eine Atmosphäre der Leidenschaft. Will man das Feuerelement nach dem Essen stärken, serviert man „flammenden" Likör wie Sambuca zum Kaffee.

Ein leidenschaftliches Menü

Knusprige Fisch-Spiesschen mit Tempeh und Bohnen

Crêpes Suzette in Sambuca

Für 2 Personen

RAUMGESTALTUNG

Um die Leidenschaft zu entfachen, muss die Energie im Esszimmer in Bewegung sein und schnell fließen können. Ein offener Kamin, Kerzen, Mobiles oder ein Zimmerbrunnen begünstigen den Energiefluss. Leuchtende Farben wie kräftiges Violett oder Pink sorgen für eine beschwingte Atmosphäre. Das Chi darf nicht stagnieren – auch nicht in den Ecken – ein dunkles Zimmer mit wenig natürlichem Licht ist für ein „Fest der Sinne" kaum das Richtige.

Kräftiges, leuchtendes Violett ist die Farbe der Leidenschaft, die durch violette Servietten und Blumen noch gesteigert wird. Damit das Violett gut zur Geltung kommt, wählt man Geschirr in blassen Farben (Hellgrün oder Blassgelb). Kaminfeuer erzeugt ein kräftiges Feuer-Chi und fördert die Sinnlichkeit. Aber auch ohne Kamin kann man den Raum mit Violett und Rot, den warmen Farben des Feuers, dekorieren. Leidenschaft und Gefühle werden geweckt, wenn das Essen direkt am Tisch zubereitet oder wenn es flambiert serviert wird.

Flackernde Kerzen mit orange-gelbem Schein erfüllen den Raum mit kräftiger Gefühlsenergie.

Feuerenergie wird durch violette und rote Kerzen in sternförmigen Haltern begünstigt. Holzständer betonen das Holzelement und stärken wiederum die Feuerenergie. Spiegel beschleunigen den Energiefluss; zu viele Spiegel in einem Raum reizen allerdings zu sehr.

Helles, indirektes Licht liefert Vitalität, doch den Strahl greller Lampen richtet man besser in die Ecken. Auf weiße Wände projizierte farbige Bilder mit romantischen Themen schaffen eine gefühlvolle Stimmung.

Pflanzen mit leuchtend violetten, roten oder gelben Blüten fördern die Yang-Dynamik. Sternförmige oder breite Blütenköpfe wie die einer Klematis betonen die Feuerenergie und wecken Leidenschaft. Hohe Pflanzen mit spitzen Blättern, wie Yukka-Palmen, bieten reichlich stimulierende Feuerenergie.

Seide, die leicht glänzt, wirkt besonders sinnlich. Violett ist die optimale Farbe, obwohl auch Rosa und Blassgelb für die richtige Stimmung sorgen können. Über die vorhandenen Vorhänge drapierte Seide oder mit Seidenstoffen verkleidete Stuhllehnen geben dem Raum eine luxuriöse, sinnliche Ausstrahlung.

SITZORDNUNG

Der Blick nach Süden, in die Richtung der Mittagssonne, bietet verführerisches, helles Chi und begünstigt Leidenschaft und Gefühl. Wenn die Lage des Esszimmers oder des Essplatzes diese optimale Ausrichtung nicht zulässt, sind auch andere Positionen denkbar. Die Blickrichtung Südwesten ist geeignet, Intimität zu fördern, der Westen dient einer verspielten, vergnüglichen Atmosphäre, der Südosten dagegen der Kommunikation. Die Blickrichtung Südosten stärkt Selbstvertrauen und Wagemut.

Tischdekoration

Am besten verbreitet ein Holztisch mit glänzender Oberfläche die Gefühlsenergie; Metall und Glas haben einen ähnlichen Effekt. Hat man keinen glänzenden Tisch, kann man ein einfarbiges, leuchtend violettes oder rotes oder ein blütenweißes Tischtuch verwenden. Den Tisch möglichst ausziehen, damit die Energiefelder sich ausdehnen können. Ein langer, rechteckiger Tisch begünstigt das Holzelement, es unterstützt Feuerenergie und Leidenschaft.

Niedrige, bequeme und gepolsterte Stühle sind zum Sitzen bei Tisch optimal. Kissen auf dem Boden um einen niedrigen Tisch herum sorgen für ein exotisches Flair. Allerdings fließt das Chi dann langsamer, aber üppig leuchtende Farben wirken ausgleichend, um die Yang-Atmosphäre zu erhalten.

Glänzendes Besteck aus Silber oder Edelstahl beschleunigt das Chi und funkelt bei Gebrauch. Es ist besonders wirkungsvoll, wenn man es mit Salz- und Pfefferstreuern oder Schalen aus Silber oder Edelstahl kombiniert.

SEIDENKISSEN
Weiche Kissen mit glänzendem Bezug lassen das Chi schnell fließen. Mit Seide und Satin, am besten in kräftigen Farben wie Violett oder Pink, kann man einen Raum sinnlich und auffällig gestalten.

MESSING Türknöpfe und Beschläge aus poliertem Messing beschleunigen den Fluss des Chi und wirken außerdem optisch stimulierend.

BILDER Aktstudien oder Teilakte reizen die Fantasie. Ausdrucksstarke Ölgemälde mit viel Bewegung, Struktur und Farbe haben tiefgreifende Wirkung auf die Gefühle.

steven

Menschen, die von Natur aus sehr leidenschaftlich sind, bevorzugen Essen, das brutzelnd heiß auf den Tisch kommt und einen anregend würzigen Geschmack hat. Am besten bringt man es direkt vom Herd in der Pfanne zum Tisch. Ein Menü, das „entflammt", sollte nicht zu schwer und üppig sein, sondern leicht, schmackhaft und appetitanregend.

Knusprige Fisch-Spießchen mit Tempeh und grünen Bohnen

FÜR DIE FISCH-SPIESSCHEN

350 g Marlinfleisch (oder Thunfisch)
150 ml leichtes Olivenöl
1 Rosmarinzweig
2 Knoblauchzehen, geschält und zerdrückt
4 Stängel Zitronengras
4 Lorbeerblätter (nach Belieben)

FÜR DIE TEMPEH-WÜRFEL

400 g Tempeh (oder Tofu)
1 rote Zwiebel, fein gehackt
1 roter Chili, entkernt und fein gehackt
200 g grüne Bohnen
1 TL Tarmarindensirup
1 TL Garam Masala, möglichst frisch gemahlen (S. 149)
Koriandergrün zum Garnieren

1 Marlin oder Thunfisch in 4 cm große Würfel schneiden, Öl, Rosmarin und Knoblauch zugeben und gut mit Salz und Pfeffer würzen. Den Fisch mindestens 30 Minuten, höchstens aber 10 Stunden im Kühlschrank marinieren.

2 Die Fischwürfel aus der Marinade nehmen und auf die Zitronengrasstängel stecken – etwa 3 Würfel pro Stängel. Nach Belieben am Ende jeweils ein Lorbeerblatt befestigen.

3 Tempeh oder Tofu in Würfel schneiden, etwa 4 cm groß. 1 Esslöffel der Marinade bei starker Hitze im Wok erwärmen, dann Zwiebel und Chili 5 Minuten glasig dünsten, nicht bräunen. Tempeh zugeben und unter Rühren 30 Sekunden anbraten, bis die Würfel braun werden, herausnehmen und beiseite stellen.

4 Die Bohnen in siedendem Salzwasser 2 Minuten blanchieren, dann unter kaltem Wasser abschrecken und abtropfen lassen. Bohnen, Tamarindensirup und Garam Masala in den Wok geben und 3–4 Minuten dünsten. Wenn nötig, zusätzliche Marinade zugeben, damit die Bohnen weich werden.

5 Die Tempeh-Würfel in den Wok zurückgeben und 2 Minuten braten, würzen, herausnehmen und warm stellen.

6 Die Fisch-Spießchen auf dem Holzkohlengrill, in der Grillpfanne oder unter dem Grill von jeder Seite 30 Sekunden bräunen. Das Fleisch soll innen noch rosa sein. Anschließend würzen und mit Tempeh und grünen Bohnen mit Koriandergrün garniert servieren.

Crêpes Suzette in Sambuca

FÜR DIE CRÊPES

2 Eier
250 ml Milch
100 g Mehl, gesiebt
1 Schuss Olivenöl
1 Prise Salz
Pflanzenöl zum Braten

ZUM FLAMBIEREN

60 g Butter
100 g Ahornsirup
Saft und Schale von
2 unbehandelten Orangen
50 ml Sambuca oder Pernod

1 Für den Crêpeteig Eier, Milch, Mehl, Olivenöl und Salz verrühren, durch ein Sieb streichen, um Klümpchen zu entfernen.

2 In einer Crêpe-Pfanne oder Pfanne mit niedrigem Rand etwas Pflanzenöl bei mittlerer Temperatur erhitzen. Überschüssiges Öl abgießen. Eine dünne Teigschicht in die Pfanne füllen und von jeder Seite braten. Noch in der Pfanne zweimal zu einem Dreieck zusammenklappen, dann herausnehmen und beiseite stellen. Diesen Vorgang wiederholen, bis der Teig aufgebraucht ist.

3 Für die Flambierflüssigkeit Butter bei mittlerer Hitze schmelzen, dann Ahornsirup, Orangensaft und geriebene Orangenschale zugeben und alles gut verrühren. Die Sauce 5 Minuten reduzieren, bis sie dicklich wird.

4 Die Crêpes nacheinander in die Sauce legen, Likör zugeben und durch leichtes Schräghalten an der Gasflamme oder mit einem langen Kaminstreichholz anzünden. Servieren, solange der Alkohol abbrennt.

Lustiges und Gesundes für Kinder

Kinder sollen Freude am Essen haben. Sie brauchen aber auch ein gewisses Maß an Tischkultur und Ruhe. Das richtige Verhältnis von Yin und Yang im Einklang mit den fünf Elementen in der Nahrung und beim Drumherum hilft Eltern, gezielt auf die individuellen Bedürfnisse ihrer Kinder einzugehen und alles richtig zu machen.

Eine natürliche, gesunde Ernährung ist die beste Grundlage, die man seinen Kindern mit auf den Weg geben kann. Wenn Kinder schon früh mit Gemüse, Getreide und Obst „auf den Geschmack kommen", fällt es ihnen später leichter, einen Bogen um Fastfood zu machen. Es ist deshalb wichtig, Naturprodukte so zuzubereiten, dass sie Kindern schmecken.

MENÜPLANUNG

Ausgewogene Ernährung legt einen Grundstein für die Zukunft. Kinder sollten sich von klein auf daran gewöhnen, dass Getreideprodukte und Gemüse zu jedem Essen gehören und eine Hauptmahlzeit aus Suppe, Haupt- und Nachspeise besteht.

Die vorgeschlagene Tomatensuppe ist ein Yin-Gericht, bei dem Kinder zur Ruhe kommen. Sie wird frisch zubereitet und schmeckt einfach lecker! Statt der Tomaten kann man auch Karotten, Brunnenkresse oder Blumenkohl verwenden. Kroketten aus Limabohnen haben mehr Yang und kommen auch bei Kindern meist gut an. Bohnen sind sehr eiweiß- und nährstoffreich. Am gesündesten sind Bohnen aus biologischem Anbau, die ohne Zuckerzusatz konserviert werden. Der Fettgehalt kann reduziert werden, wenn man Tofu statt Käse verwendet.

Gebackene Bananen schmecken süß und werden von Kindern meist gern gegessen. Die Zutaten tendieren überwiegend zu Yin. Das Backen verstärkt jedoch das Yang-Chi und intensiviert den Geschmack.

Als gesunde Getränke zum Essen eignen sich Mineralwasser oder frischer Bio-Saft. Beide sind erfrischend und bieten Yin pur. Zu viel Wasser zum Essen verdünnt die Verdauungsenzyme im Magen und kann verdauungshemmend wirken. Kinder sollten eher außerhalb der Essenszeiten reichlich trinken.

Durch regelmäßiges Essen zu den immer gleichen Tageszeiten finden Kinder ihren biologischen Rhythmus, der Verdauung und Appetit anregt.

GESUNDE SNACKS FÜR KINDER

Kinder müssen öfter essen als Erwachsene. Gesunde Zwischenmahlzeiten erhalten ihren Energiehaushalt aufrecht. Snacks, die viel Salz, Zucker, Geschmacksverstärker und gesättigte Fettsäuren enthalten, sind aber nicht zu empfehlen. Der Gaumen der Kinder gewöhnt sich auch an den weniger komplexen Geschmack von Naturprodukten. Alles, was zu süß oder frittiert ist, kann die Fähigkeit zum Genuss gesunder Nahrungsmittel einschränken.

Leichte Snacks sollen den Hunger bei den Hauptmahlzeiten nicht nehmen, sondern vorübergehend sättigen und gesund sein, wie etwa frisches Obst und Rosinen. Bananen haben einen hohen Fruchtzuckergehalt, sind sättigend und geeignet, wenn die Kinder schon lange vor der Hauptmahlzeit hungrig sind. Trockenfrüchte wie Rosinen oder getrocknete Aprikosen bieten mehr Yang als frisches Obst und sind gut für unterwegs. Sie enthalten viele Nähr- und Ballaststoffe und reichlich Fruchtzucker.

Geröstete Nüsse und Samen sind mehr Yang als Obst und enthalten mehr Eiweiß. Allerdings werden Kinder davon schnell durstig und müssen etwas trinken.

Zuckerfreie Marmelade eignet sich gut als Aufstrich für Reiskuchen, Vollkornbrot und Brötchen. Mittlerweile gibt es Kekse, Waffeln und Süßigkeiten ohne Zucker und oft auch aus gesünderen Zutaten. Solche Produkte können aber den Appetit auf Naturbelassenes verringern und sollten nicht zu oft angeboten werden.

RAUMGESTALTUNG

Helle Farben und glänzende Flächen können stark stimulieren, daher ist Naturholz und Baumwolle in gedämpften Farben vorzuziehen. Hellblau, Hellgrün, Blassgelb und blasses Lila wirken beruhigend und sind als Farbe für Lätzchen, Servietten und Tischtücher gut geeignet. Leuchtende Farben oder kräftige Muster lenken Kinder eher vom Essen ab.

Holz begünstigt natürliches, ausgewogenes Chi. Es ist weicher als Metall, aber härter als Stoff. Massives, dunkles Holz wie Mahagoni wirkt streng und tendiert zu Yang, ist daher gut für unruhige Kinder. Helles, weiches Kiefernholz und Stühle aus Rattan oder Korbgeflecht sind eher Yin und tragen zu einer ruhigen, freundlichen Atmosphäre bei.

Kinder haben gern Kerzenlicht bei Tisch, sie können sich dabei besser auf das Essen konzentrieren. Für Alltagssituationen genügt eine über dem Tisch aufgehängte Lampe, die die Aufmerksamkeit auf die Tischmitte lenkt.

Kinder Menü

EINFACHE TOMATENSUPPE

KROKETTEN AUS LIMABOHNEN

GEBACKENE BANANEN MIT AHORNSIRUP UND ORANGENSAFT

Für 4 Personen

Zuckerfreie Marmelade auf Vollkornbrot oder Reiskuchen ist eine gesunde Yang-Mahlzeit für den kleinen Hunger zwischendurch. Frisches oder gedörrtes Obst, geröstete Samen und Nüsse sind Naturprodukte mit wertvollen Nährstoffen.

Blattpflanzen im Essbereich sollen keine spitzen Blätter haben, denn ihr Yang lässt Kinder leicht unruhig, zappelig oder zu aktiv werden.

Es wirkt beruhigend auf Kinder, wenn sie ihr Spielzeug sehen können. Man kann die Lieblingsspielsachen auf einem Regal und Kuscheltiere im Blickfeld der Kinder verteilen. Die sanfte Bewegung eines Mobiles kann entweder beruhigend oder anregend wirken. Ein Windspiel aus Metall tendiert zu Yang und sollte im Westen des Zimmers aufgehängt werden, ein hölzernes eher im Osten, aber nicht direkt über dem Esstisch. Da leuchtende Farben eher ablenken, sollte man gedämpfte, zarte Farbtöne wählen.

SITZORDNUNG

Jedes Kind ist ein kleines Individuum. Man muss deshalb die Persönlichkeit von Kindern berücksichtigen und überlegen, welche der acht Richtungen für jedes Kind am geeignetsten ist. Ein Kind, das schnell zornig wird, ist mit Blick nach Westen lustiger, nach Norden ruhiger. (Die Merkmale der acht Richtungen S. 67)

Für Eltern sind die Plätze mit Blick nach Nordwesten und Südwesten am geeignetsten. Der Nordwesten ist die Richtung des Vaters, der Südwesten die der Mutter. Ist diese Sitzordnung nicht realisierbar, empfiehlt sich die Blickrichtung Südosten.

Kinder sollten nicht mit dem Rücken zur Tür oder in einer Richtung sitzen, die sie ablenken könnte. Sie reagieren darauf eher mit Unruhe.

Tischdekoration

Kinder reagieren positiv, wenn der Tisch förmlich wirkt, sie haben es dann leichter, artig zu sein. Sie respektieren offizielle Essenszeiten und einen rituellen oder routinemäßigen Ablauf. Ist der Rahmen zu locker und eher Yin, kann es sein, dass Kinder die Mahlzeiten nicht ernst nehmen und nicht ordentlich essen.

Hohe Stühle mit gerader Rückenlehne führen Kinder weniger in Versuchung, während des Essens vom Tisch aufzustehen. Kleinkinder gewöhnen sich eher daran, bei den Mahlzeiten am Tisch sitzen zu bleiben und sich auf das Essen zu konzentrieren, wenn sie einen eigenen Hochstuhl haben.

Plastikgeschirr hindert den natürlichen Fluss des Chi; Porzellan, Glas oder Emaille hat ein für Kleinkinder günstigeres Chi. Kinder, die schon früh lernen, mit zerbrechlichem Geschirr umzugehen, entwickeln eher ein Verantwortungsgefühl und nehmen das Essen ernster. Auch sie können gut mit kleinem Besteck aus Holz oder Metall umgehen, es darf aber nicht scharf sein. Plastikbesteck ist nicht zu empfehlen.

KUNST Es fördert das Empfinden der Kinder, etwas geleistet zu haben, wenn man die von ihnen gemalten Bilder aufhängt oder gar einrahmt.

HOLZ Möbel und Gegenstände aus Naturholz fördern das Wachstum und steigern die Vitalität, ohne zu stark zu stimulieren. Das Yin von Accessoires und Formen aus Holz wirkt beruhigend in Verbindung mit Metall.

WINDSPIELE haben einen eigenen Zauber mit ihrem Zusammenklang aus mehreren hohen, metallischen Tönen. Windspiele reinigen das Chi eines Raumes und liefern frische, lebendige Energie.

SPIELSACHEN Kinder schätzen ihre Spielsachen und das Kinderzimmer mehr, wenn alles seinen Platz hat und Ordnung herrscht. Dies wirkt sich auch positiv auf das Zusammensein in der Familie aus, etwa bei den Mahlzeiten.

Einfache Tomatensuppe

1 EL Traubenkernöl
1 Knoblauchzehe, geschält und zerdrückt
1 mittelgroße Zwiebel, in feinen Ringen
700 g Rispentomaten, geviertelt
150 ml klare Gemüsebrühe (S. 150) oder kochend heißes Wasser
Salz und frisch gemahlener schwarzer Pfeffer
1 EL frisches Basilikum, klein geschnitten (nach Belieben)

1 Das Öl in einer Pfanne bei mittlerer Hitze erwärmen und Knoblauch und Zwiebeln glasig dünsten, nicht bräunen. Die Tomaten zugeben und mit den gedünsteten Zwiebeln mischen.

2 Brühe oder Wasser zugießen, gut umrühren und alles zugedeckt 20 Minuten schwach kochen.

3 Die Tomaten-Zwiebel-Mischung in der Küchenmaschine pürieren, dann durch ein feinmaschiges Sieb streichen.

4 Die Suppe würzen. Sind die Tomaten nicht reif genug, für mehr Süße den Saft einer Orange oder einen Esslöffel Honig zugeben. Nach Belieben mit klein geschnittenem Basilikum garnieren.

Kroketten aus Limabohnen

4 gehäufte EL Limabohnen (ungesüßt) aus der Dose, abgetropft
2 EL Tofu oder milder Cheddar, gerieben
2 Kartoffeln, geschält, gekocht, zerdrückt
1 Eigelb
1 EL Petersilie, frisch gehackt
Salz und frisch gemahlener schwarzer Pfeffer
6–8 EL Paniermehl (aus Weißbrot)
50 g Mehl
1 Ei, verquirlt
2–3 EL Traubenkernöl

1 Bohnen, Tofu oder Käse, zerdrückte Kartoffeln und Eigelb mischen, dann Petersilie zugeben und würzen.

2 Aus dem Teig acht Kroketten formen. Wenn der Teig zu feucht ist, etwas Paniermehl untermischen.

3 Die Kroketten zuerst in Mehl, dann in verquirltem Eigelb und schließlich in Paniermehl wenden.

4 Das Öl in einer Pfanne bei mittlerer Hitze erwärmen und die Kroketten von allen Seiten goldbraun braten.

Nach Belieben mit feuriger Salsa oder Tomatencoulis servieren (beide Rezepte S. 151). Passt gut zu grünem Gemüse wie Brokkoli oder Kohl und Vollkornbrötchen.

Gebackene Bananen mit Ahornsirup und Orangensaft

4 reife Bananen
60 g Butter
Saft von 1 großen Orange
50 ml Ahornsirup
Naturjoghurt (nach Belieben)

1 Backofen auf 200 °C vorheizen. Die Bananen schälen, der Länge nach halbieren und mit der Schnittfläche nach oben in eine Auflaufform legen.

2 Butter bei schwacher Hitze schmelzen, Orangensaft und Ahornsirup zugeben, alles glatt rühren. Wenn nötig, mit mehr Ahornsirup oder Orangensaft nachsüßen.

3 Die Sauce über die Bananen gießen und das Ganze 7–10 Minuten in den vorgeheizten Backofen geben. Nach dem Backen die Bananen kurz in der Form abkühlen lassen, dann in Dessertschalen mit etwas Sauce anrichten.
Nach Belieben mit einem Teelöffel Naturjoghurt servieren.

steven

Für meine zwei Töchter – Serena 10 und Stefanie 7 Jahre – koche ich möglichst mit frischen Zutaten. Deshalb sind beide auch so gesund und munter! Es ist schon erstaunlich, wie schnell und leicht sich aus frischen Zutaten eine Mahlzeit zaubern lässt. – Auch in der heutigen Zeit, da alles schnell gehen muss, braucht man nicht auf konservierte Produkte oder Fertiggerichte zurückzugreifen, wenn man ein paar gute Rezepte zur Hand hat. Meine einfache Tomatensuppe kommt bei Kindern und Eltern gleichermaßen an. Eltern sind für die gute Ernährung ihrer Kinder verantwortlich. Dies kann bedeuten, dass man beim Einkaufen etwas wählerischer ist oder für Bio-Produkte, sofern man sie nicht selbst anbaut, etwas mehr bezahlen muss.

So entsteht Begeisterung

Mit Begeisterung für eine Sache oder einen Menschen einzutreten, verleiht meist Schwung und Energie. Vielleicht verspürt man ein Kribbeln oder eine gewisse Aufregung. Fast jeder Mensch lässt sich für bestimmte Dinge begeistern, etwa für Sport, Unternehmungen, Geselligkeit, die Wohnungseinrichtung oder so banale Dinge wie Geldverdienen oder Kleiderkaufen.

Ein Essen, das anregend wirkt, kann Abenteuerlust wecken oder die Motivation für eine Aufgabe oder Arbeit unterstützen. Oder man genießt es ganz einfach, mit Freunden einen Erfolg zu feiern und sich des Lebens zu freuen. Schnell fließendes Yang sorgt für belebende Holz- und Feuerenergie.

MENÜPLANUNG

Yang-Zutaten beschleunigen den Energiefluss im Körper. Herzhafte und scharfe Speisen, auch frittierte, sorgen für gute Stimmung. Frittieren ist die beste Garmethode, um Feuerenergie freizusetzen. Frisches Gemüse, ob roh, gedünstet oder blanchiert, stimuliert das belebende Holzelement. Eine anregende Mahlzeit muss leicht sein – bei schwerem Essen entzieht der Magen dem Körper wertvolles Chi. Die vorgeschlagenen Gerichte in diesem Abschnitt lassen sich gut mit anderen leichten Zutaten wie Brokkoli, Blumenkohl, Frühlingszwiebeln, Chinakohl und Petersilie kombinieren. Natürlich vergorenes Sauerkraut macht frittierte Zutaten leichter verdauulich.

Für die Linsenküchlein wird der stimulierende Effekt von Chillies und Kreuzkümmel mit dem schwereren Chi der Linsen kombiniert. Braten sorgt außerdem für anregende Feuerenergie, wie zum Beispiel das Frittieren der Zwiebelbällchen.

Pfannenrühren von frischem Gemüse setzt Feuerenergie frei, die positiv auf die Stimmung wirkt. Das Gemüse sättigt, ohne ein Völlegefühl hervorzurufen. Diese pikante Yang-Beilage ist die optimale Ergänzung zu aromatischen Wildpilzen in Pastaschalen mit köstlicher roter Zwiebelsauce.

Grüne Chilisauce zu frittierten Riesengarnelen mit Linguine ist eine anregende Köstlichkeit. Gehackte Chillies und Paprika-

schoten, Knoblauch und Koriander geben dem Gericht Schärfe, regen das Chi an und steigern die Energie. Die Frittiermethode bietet zusätzlich Feuerenergie.

Getränke wie Kaffee, Pfefferminztee oder Zitronen-Ingwer-Tee sind anregend, ebenso Sake, Whisky oder Weinbrand. Bier wirkt eher ausgleichend.

RAUMGESTALTUNG

Das Chi soll frei und ungehindert im Raum fließen. Der Energiefluss wird durch leuchtende Farben, kräftiges Licht, spitze Formen und harte, glänzende Flächen verstärkt. In kleinen, vollgestellten Räumen mit zu vielen Stoffflächen fließt das Chi langsamer und schafft ein gemütliches, für ein anregendes Ambiente nicht geeignetes Umfeld.

Violett, Gelb und Rot oder auch kräftiges Grün und Blau sind stimulierende Farben. Starke Halogenstrahler beschleunigen das Chi, und glänzende Marmor-, Stein oder Holzböden ermöglichen den ungehinderten, schnellen Energiefluss. Statt Vorhänge aus Stoff wählt man besser Jalousien aus Holz oder – für mehr Yang – aus Metall für den ungehinderten Fluss des Chi.

Kristallkugeln streuen das Chi in allen Farben des Regenbogens in alle Richtungen und vertreiben stagnierendes Chi. Ein Kronleuchter aus Kristall wäre die ideale Art der Beleuchtung; es gibt für diesen Zweck auch mit Kristallblättchen verzierte Leuchten.

Mit Kerzen, vor allem langen und spitzen, dreieckigen und violetten, unterstützt man das Feuerelement. Verzichtet man auf elektrische Beleuchtung, benötigt man viele Kerzen, um den Raum in strahlendes Licht zu tauchen. In der Feng-Shui-Lehre sind Feuer und Wasser Gegensätze; wenn man sie kombiniert – etwa in Form von Schwimmkerzen –, schafft man eine besonders anregende Atmosphäre.

Blumen mit farbigen Blüten stimulieren optisch, insbesondere wenn sie lange Blätter haben oder stachelig sind wie etwa violett blühende Disteln, aber auch Klematis oder, in geringerem Maß, Schwertlilien. Sie kommen in einer bunten, pyramidenförmigen, dreieckigen oder sternförmigen Vase am besten zur Geltung.

Pflanzen mit gefleckten oder spitzen Blättern wie Yukka-Palmen oder große Farne begünstigen feuriges Yang-Chi und steigern die anregende Stimmung in einem Raum. Dieser Effekt kann durch Pflanzenstrahler und durch einen Spiegel, der hinter einer Pflanze angebracht wird, noch verstärkt werden, um den Fluss der Chi-Energie zu beschleunigen.

Als Wanddekoration eignen sich Gemälde, Drucke oder Poster in leuchtenden Farben, die – ob gegenständlich oder abstrakt – die Fantasie anregen. Auch Muster und ausdrucksstarkes Design haben einen stimulierenden Effekt.

Auch Aufnahmen von Sportereignissen und anderen Aktivitäten, für die man sich begeistert, unterstützen die gewünschte Wirkung. Dreieckige, pyramiden- und sternförmige Ziergegenstände und Skulpturen verstärken das Feuerelement und wirken anregend.

„Begeisterndes“ Menü

WÜRZIGE ZWIEBELBÄLLCHEN

WILDPILZE IN PASTASCHALEN MIT ROTER ZWIEBELSAUCE

FRITTIERTE RIESENGARNELEN IN LINGUINE MIT GRÜNER CHILISAUCE

LINSENKÜCHLEIN MIT KREUZKÜMMEL

PIKANTES GEMÜSE AUS DEM WOK

Für 4 Personen

SITZORDNUNG

Die Richtungen der aufgehenden Sonne – Osten, Südosten oder Süden – werden mit Begeisterung assoziiert. Man sollte also mit Blick in eine dieser Richtungen sitzen. Ihr Chi ist hell, aktiv und stimulierend. Die stärkste Wirkung geht vom Süden aus. Mit diesem Wissen kann man also eine stimulierende und erwartungsvolle Haltung unterstützen, wenn man den entsprechenden Platz einnimmt. Der Nordosten fördert die Motivation, der Westen Heiterkeit und Verspieltheit.

Tischdekoration

Je ungewöhnlicher die Möbel – desto interessanter und aufregender die Einrichtung. Eine ausgefallene – etwa dreieckige – Tischform wird mit Feuerenergie assoziiert, so wie auch ein quadratischer Tisch. Harte, glänzende Oberflächen, besonders poliertes Holz, Glas, Marmor oder Metall wirken stimulierend.

Stühle mit hoher Rückenlehne oder Barhocker begünstigen das belebende Holzelement. Barhocker haben den Vorteil, dass man die übrige Einrichtung überblicken kann und so mit dem schnell fließenden Chi im oberen Bereich des Raums in Berührung kommt. Stühle aus Holz oder Metall beschleunigen den Energiefluss ebenfalls. Gepolsterte Stühle sollten mit bunten Stoffen überzogen und helle Flächen mit bunten Tüchern bedeckt werden.

Servietten, Sets, Geschirr, Gläser und Besteck in leuchtenden Farben und ungewöhnlichen Formen verstärken den stimulierenden Effekt. Auf dem Tisch sollte noch genügend Platz sein, um den ungehinderten Fluss des Chi zu ermöglichen. Auch glänzende Oberflächen von poliertem Besteck, Serviettenringen, Geschirr und Gläsern beschleunigen das Chi. Gemusterte Stoffe bei Servietten und Tischtüchern, etwa mit Zacken- oder Dreiecksmuster, wirken lebendig und anregend.

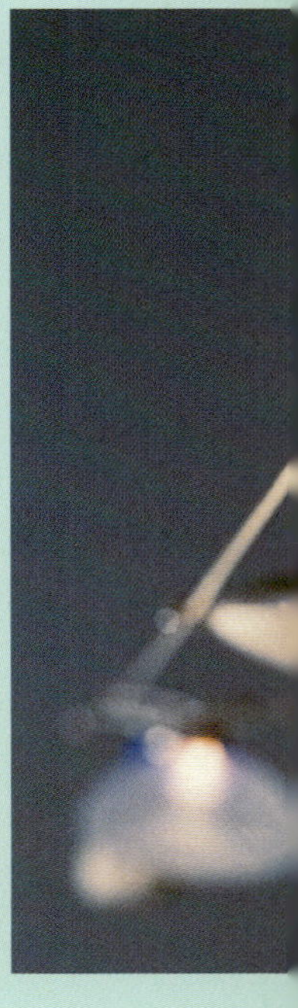

FEUER Ein knisterndes Kaminfeuer erzeugt Wärme und Feuerenergie. Durch einen Spiegel über dem Kamin wird das Chi im Raum reflektiert. Der Raum selbst sollte gut belüftet und kühl sein.

HELLES LICHT Mit hellen Lichtstrahlern lässt sich die Stimmung ganz gezielt beeinflussen und interessante Gegenstände im Raum treten hervor.

Würzige Zwiebelbällchen

50 g Kichererbsenmehl und 70 g Reismehl oder 125 g Weißmehl
$^1/_4$ TL Natron
$^1/_2$ TL rotes Chilipulver (Cayennepfeffer)
$^1/_2$ TL Salz
250 ml Milch
2 mittelgroße Zwiebeln, geschält, in feinen Ringen
Pflanzenöl zum Frittieren
1 Prise Currypulver

1 Mehl, Natron, Chilipulver und Salz mischen. Milch zugeben und alles zu einem dickflüssigen Teig verarbeiten.

2 Zwiebeln unter den Teig mischen und Bällchen daraus formen. Wenn nötig, etwas Milch oder Mehl zugeben.

3 Das Öl auf 170 °C erhitzen. Die Zwiebelbällchen goldbraun frittieren. Vor dem Servieren mit einer Prise Salz und Currypulver würzen.

Wildpilze in Pastaschalen mit roter Zwiebelsauce

FÜR DIE ZWIEBELSAUCE
150 ml Rotwein
50 ml Rotweinessig
100 g brauner Rohzucker
2 mittelgroße rote Zwiebeln, in Ringen
Salz und frisch gemahlener schwarzer Pfeffer

FÜR DIE GEFÜLLTEN PASTASCHALEN
$^1/_2$ EL leichtes Olivenöl zum Anbraten
200 g Wildpilze (oder Mischpilze), fein geschnitten
1 EL frischer Estragon, gehackt
Salz und frisch gemahlener schwarzer Pfeffer
8 Pastaschalen (etwa 10 cm groß)

1 Für die Zwiebelsauce Rotwein, Essig und Zucker zum Kochen bringen, dann schwach weiter kochen. Die Zwiebeln zugeben und alles bedeckt 20–30 Minuten köcheln, würzen und beiseite stellen.

2 Backofen auf 200 °C vorheizen. Öl in einer Pfanne erhitzen und die Pilze darin weich dünsten, dann Estragon zugeben und würzen. Vom Herd nehmen.

3 Die Pastaschalen nach Angabe kochen, abgießen und einzeln mit der Öffnung nach oben auf ein leicht gefettetes Backblech setzen.

4 Die Pastaschalen mit den Pilzen füllen, dann die Zwiebeln über die Pilze verteilen. Mit Alufolie abdecken und 5 Minuten backen. Sofort servieren.

Frittierte Riesengarnelen in Linguine mit grüner Chilisauce

FÜR DIE CHILISAUCE

2 grüne Paprika, entkernt und grob gewürfelt
1 Schalotte, geschält und gehackt
1 Knoblauchzehe, geschält und gehackt
2 grüne Chillies, entkernt und gehackt
2 EL Koriandergrün, geschnitten
150 ml Kokosmilch oder klare Gemüsebrühe (S. 150)
1 EL Honig
Salz und frisch gemahlener schwarzer Pfeffer
Frischer Limettensaft zum Verfeinern

FÜR DIE FRITTIERTEN RIESENGARNELEN

8 große, frische Riesengarnelen mit Schale
4 EL Paniermehl
Etwa 150 g Linguine (ungekocht) in verschiedenen Farben und Geschmacksvarianten, in der Küchenmaschine zerkleinert
2 EL Mehl, gewürzt
1 Ei, verquirlt
Pflanzenöl zum Frittieren

1 Für die grüne Chilisauce alle Zutaten außer Salz und Pfeffer und dem Limettensaft bei niedriger Temperatur 15–20 Minuten schwach kochen lassen, dann im Mixer zerkleinern, durch ein feinmaschiges Sieb streichen, würzen und mit Limettensaft verfeinern. Zum Abkühlen beiseite stellen.

2 Die Garnelen bis auf den Schwanz vorsichtig aus der Schale lösen und längs bis zum Schwanz einschneiden. Die beiden geschälten Hälften auseinanderbiegen und die Membran vom Rücken entfernen.

3 Paniermehl und die zerkleinerten Nudeln mischen. Die Garnelen zuerst in Mehl, dann in verquirltem Ei und schließlich in der Paniermehl-Nudel-Mischung wenden.

4 Öl auf 175 °C erhitzen, die panierten Garnelen darin 2–3 Minuten goldbraun frittieren oder im heißen Wok 2–3 Minuten braten. Mit grüner Chilisauce sofort servieren.

Linsenküchlein mit Kreuzkümmel

250 g getrocknete Linsen
850 ml klare Gemüsebrühe (S. 150)
Salz und frisch gemahlener schwarzer Pfeffer
2 grüne Chillies, entkernt, in Streifen
1 mittelgroße Zwiebel, klein gewürfelt
1 Prise Asant
1 EL Petersilie, frisch gehackt
2 TL Kreuzkümmel
$^1/_2$ TL Chilipulver
$^1/_2$ TL Salz
1 Ei, verquirlt
2 EL Paniermehl
Pflanzenöl zum Frittieren

1 Gemüsebrühe mit den Linsen zum Kochen bringen, dann würzen. Hitze reduzieren und Linsen bedeckt 1 Stunde (oder wie auf der Packung vermerkt) weich kochen. Vom Herd nehmen und in der Küchenmaschine pürieren.

2 Chillies, Zwiebel, Asant, Petersilie, Kreuzkümmel und Chilipulver zu den Linsen geben und das Ganze nochmals pürieren. Mit Salz würzen.

3 Aus jeweils 2 Esslöffeln Linsenpüree flache Küchlein formen. In verquirltem Ei, dann in Paniermehl wenden. Bei starker Hitze mit etwas Pflanzenöl 3 Minuten knusprig braun braten.

Pikantes Gemüse aus dem Wok

1 roter Paprika, entkernt
1 gelber Paprika, entkernt
1 orangefarbener Paprika, entkernt
200 g Zuckerschoten
100 g Sojabohnenkeime
4 Frühlingszwiebeln, halbiert
2 rote Chillies, entkernt, in Streifen
1 EL kaltgepresstes Olivenöl
1 EL Sesamöl
1 EL Shoyusauce
1 EL Thai-Fischsauce
1 EL geröstete Sesamsamen

1 Das Gemüse in 8 x 1 cm große Streifen schneiden. Oliven- und Sesamöl bei starker Hitze im Wok erwärmen. Das Gemüse und die Chillies etwa 4 Minuten darin braten; dabei ständig rühren, damit nichts anbrennt.

2 Die Hitze reduzieren, dann Shoyusauce und Thai-Fischsauce zugeben. Das Ganze gut mischen, dann auf vier Tellern anrichten, mit gerösteten Sesamsamen bestreuen, servieren.

Frieden und Versöhnung

Auch in den besten Familien und Beziehungen kommt es zu Spannungen und Konflikten. Mit einem geeigneten Menü kann man zur Einigkeit zurückfinden und eine versöhnliche Atmosphäre fördern. Beruhigendes Yin-Chi sowie Erd- und Metallenergie verhelfen zu Frieden und neuer Harmonie.

Durch unbedachte, schroffe Worte oder Spitzfindigkeiten kommt es oft zu Missverständnissen und Frustration. Im schlimmsten Fall ist mancher so nachtragend, dass es zu einer scheinbar unvermeidlichen Trennung und dem Abbruch jeglicher Kommunikation kommt. Es gibt aber auch Beziehungen, die an fehlender Aufmerksamkeit zugrunde gehen; der andere ist verletzt und zornig, fühlt sich ignoriert. Manchmal möchte man aber Schritte unternehmen, um Fehler der Vergangenheit zu bereinigen und negative Erinnerungen und Gefühle nicht mehr aufkommen zu lassen.

MENÜPLANUNG

Beruhigend wirkende Speisen machen die Versöhnung leichter, während sehr süßes, scharfes oder frittiertes Essen mit reichlich Feuerenergie die Gefahr von Zornes- und Gefühlsausbrüchen erhöht. Brot und anderes Gebäck (S. 154–155) sind geeignet, Menschen einander näher zu bringen, da Metallenergie das Chi nach innen lenkt.

Die Rezeptvorschläge für diese Gelegenheit bestehen aus Brotaufstrichen und Beilagen zu Brot. Essen aus gemeinsamen Schalen und vom gleichen Teller verstärkt das Gefühl der Zusammengehörigkeit.

Falafel ist ein herzhaftes, leckeres vegetarisches Gericht. Es kräftigt, verhilft aber auch zu Entspannung und Ausgeglichenheit. Nimmt man weniger Kreuzkümmel und Chilipulver – die Falafel sind dann weniger scharf – wird der beruhigende Effekt verstärkt.

Sardinen tendieren stark zu Yang, da sie sehr salzig sind und gegrillt werden. Neigt jemand zu Jähzorn, reduziert man die Menge oder lässt sie besser ganz weg. Hummus eignet sich als beruhigender, cremiger Brotaufstrich besonders gut für Situationen, in denen man sich mit jemandem aussprechen möchte. Tapenade mit leicht salzigem Geschmack bietet mehr Yang und fördert Disziplin und Selbstbeherrschung.

Libanesisches Tabbuleh basiert auf kohlenhydratreichem Couscous oder Bulgur und dämpft das Gemüt. Der Dip aus gebackenen Auberginen und Knoblauch ist herzhaft, sättigend und fördert das Gefühl der Zufriedenheit. Die Bruschetta rundet das Ganze ab. Sie ist leicht und sättigend, kann aber stimulierend sein, wenn man sehr viel oder sehr scharfen Knoblauch verwendet.

Rohes Gemüse wie Karotten, Gurke oder Rettich und blanchierte Brunnenkresse sind passende Begleiter zu all diesen Vorschlägen. Als Abschluss empfiehlt sich frisches, weiches und süßes Obst, etwa Melone, Birnen oder Aprikosen.

Getränke wie heißer Apfelsaft, Kamillentee, japanischer grüner Tee, ein Bier oder stilles Mineralwasser wirken beruhigend.

RAUMGESTALTUNG

Um mit jemandem ins Reine zu kommen, muss man ruhig, empfänglich für den anderen und versöhnungsbereit sein. Die Bereitschaft zum Zuhören und Verständnis für den anderen sollte man deutlich zeigen. Aussöhnung wird durch Yin-Chi und das Erd-, Metall- und Wasserelement begünstigt. Der Raum soll weich, bequem und entspannend ausgestattet sein.

Gelb, Beige und Braun, die Farben des Erdelements, erleichtern die Versöhnung, ebenso wie weiche Stoffe, die mit Erdenergie assoziiert werden und für eine behagliche, friedliche Atmosphäre sorgen. Unaufdringliche Muster wie etwa Karomuster wirken harmonisch und betonen das Erdelement. Korbgeflecht symbolisiert die seelische Verflechtung. Schwere, bodenlange Vorhänge, wollene Teppiche oder Läufer, Tischtücher und Sessel verstärken diesen Effekt. Durch sanfte, weiche Gegenstände wie Bodenkissen und durch Massivholzmöbel begünstigt man den Fluss des Chi für Nähe und Vergebung.

Niedrige, indirekte Beleuchtung schafft eine Umgebung für gegenseitige Annäherung. Grelles Licht hingegen erzeugt Nervosität, Stress oder gar Aggressivität. Tischlampen mit Stoffschirm oder an die Wand gerichtetem Lichtstrahl auf niedrigen Möbeln machen einen Raum behaglich. Kerzen mit leicht orangefarbenem Schimmer wirken beruhigend. Spiegel unterstützen dagegen das Yang im Raum und sollten verhangen oder abgenommen werden.

Ein Ficus mit verschlungenem Stamm oder mehrere Pflanzen in einem Topf symbolisieren Annäherung und Vereinigung. Rundliche Blätter erzeugen ein weicheres, friedvolles Yin-Chi in der Umgebung.

Fotos von schönen Stunden können frohe Erinnerungen an harmonische Zeiten wecken. Ähnlich positiven Effekt haben Andenken an gemeinsame Erlebnisse wie ein gewonnener Wettkampf, gemeinsame Renovierungsarbeiten oder die gegenseitige berufliche Unterstützung.

Versöhnungs-Menü

TABBULEH

FALAFEL

SARDINEN VOM GRILL MIT GRIECHISCHEM SALAT

AUBERGINEN-KNOBLAUCH-DIP

HUMMUS

BRUSCHETTA

TAPENADE

Für 4 Personen

GELBE BLUMEN Erdenergie kann durch gelbe Blumen wie Narzissen, Chrysanthemen und Sonnenblumen stimuliert werden, die im Südwesten des Raums dekoriert den Harmoniefluss begünstigen.

WEBSTRUKTUREN Die Struktur von weichen, gewebten Teppichen, Rattanmöbeln und Körben begünstigt ein Chi, das Zusammengehörigkeit, Teamarbeit und gegenseitiges Verständnis fördert.

Tischdekoration

Niedrige, bequeme oder gepolsterte Stühle beruhigen den Energiestrom und erleichtern die Entspannung, ebenso wie die Erdfarben, etwa Hellgelb. Ein runder oder ovaler Tisch oder ein Tisch mit abgerundeten Ecken und Kanten verhindert, dass schnell fließende Energie in den Raum abgeleitet wird. Ein weiches Tischtuch in beruhigenden und entspannenden Yin-Farben verlangsamt den Energiefluss ebenfalls und verdeckt scharfe Kanten.

Gegenstände und Geschirr aus Ton bieten Erdenergie und helfen indirekt bei der Überwindung von Schwierigkeiten aus der Vergangenheit, ebenso wie Löffel, Serviettenringe und Kerzenhalter aus Porzellan. Beruhigende Farben und abgerundete Formen bei Tischsets, Geschirr, Gläsern, Servietten und Besteck fördern eine entspannte Atmosphäre.

DICKE TEPPICHE Der Fluss des Chi verlangsamt sich und gegenseitiges Verständnis wird gefördert, wenn man glänzende Böden mit dicken, weichen Teppichen bedeckt.

Tabbuleh

250 g Bulgur oder Couscous
3 Schalotten, fein gehackt
3 Frühlingszwiebeln, gehackt
200 ml klare Gemüse- oder Misobrühe (S. 150)
4 El Olivenöl
4 EL Zitronensaft
1 EL schwarze Oliven, gehackt
Salz und frisch gemahlener schwarzer Pfeffer
4 EL Petersilie, frisch gehackt
1 EL frische Minze, geschnitten
2 EL Koriandergrün, geschnitten
1 römischer Salat

1 Bulgur oder Couscous mit Schalotten und Frühlingszwiebeln mischen, heiße Brühe zugeben und 20 Minuten (Bulgur) oder 5 Minuten (Couscous) quellen lassen.

2 Überschüssige Brühe abgießen. Bulgur oder Couscous auf ein trockenes (Geschirr-)Tuch geben und trockentupfen, dann in eine große Schüssel füllen und etwas abkühlen lassen.

3 Öl und Zitronensaft in einem Schälchen mit einer Gabel vermischen, dann gut unter den Bulgur oder Couscous mischen.

4 Oliven zugeben und das Ganze gut mischen, dann würzen. Nach Belieben Rispentomaten und Gurken zugeben.

5 Die gehackten Kräuter gut unter das Tabbuleh mischen. Den Boden und Rand einer Schüssel mit Salatblättern auslegen, Tabbuleh in die Mitte löffeln und servieren.

steven

Frisch gebackenes Brot hat einen angenehmen, beruhigenden Duft. Im Anhang (S. 154–155) werden verschiedene Brotrezepte beschrieben, die leicht gelingen und einfach zuzubereiten sind. Brot schmeckt gut mit Dip, Aufstrich, Meeresfrüchten und zu frischem Obst. Hier werden beliebte Kleinigkeiten zu Brot vorgestellt, die von der Küche des südlichen Mittelmeerraums und des Nahen Ostens inspiriert sind.

Falafel

125 g getrocknete Kichererbsen oder 250 g aus der Dose
1 mittelgroße Zwiebel, geschält und gehackt
1 Knoblauchzehe, geschält
1 TL Petersilie, frisch gehackt
$^1/_2$ TL Kreuzkümmel
$^1/_2$ TL Koriandersamen
1 TL Koriandergrün, geschnitten
$^1/_4$ TL Chilipulver
$^1/_4$ TL Salz
$^1/_4$ TL frisch gemahlener schwarzer Pfeffer
$^1/_4$ TL Backpulver
Pflanzenöl zum Frittieren

1 Getrocknete Kichererbsen mindestens 8 Stunden in Wasser quellen lassen, dann weitere 2 Stunden schwach kochen, abgießen und abkühlen lassen.

2 Die Kichererbsen mit Zwiebeln, Knoblauch und Petersilie in der Küchenmaschine zerkleinern, Gewürze, Kräuter und Backpulver zugeben und das Ganze gut verrühren. Die Masse 1–2 Stunden in den Kühlschrank stellen.

3 Aus der abgekühlten Masse kleine Bällchen formen und leicht flach drücken.

4 Pflanzenöl in einer Pfanne bei starker Hitze erwärmen, dann die Falafel von beiden Seiten darin knusprig braten (1–2 Minuten). Warm servieren oder 1–2 Stunden kalt stellen und dann servieren.

Sardinen vom Grill mit griechischem Salat

FÜR DEN GRIECHISCHEN SALAT
1 römischer Salat, geschnitten
1 EL Oliven (verschiedene Arten), entsteint
2 EL Rispentomaten, gewürfelt
2 EL Feta, in Würfeln (etwa 1 $^1/_2$ cm groß)
2 EL Zitronensaft
2 EL griechisches Olivenöl
2 EL Koriandergrün, geschnitten
Salz und frisch gemahlener schwarzer Pfeffer

FÜR DIE SARDINEN
24 Sardinen (etwa 30 g pro Stück)
2 El Olivenöl
Grobes, unraffiniertes Meersalz
Saft von 4 Limetten
2 Limetten zum Garnieren

1 Für den griechischen Salat alle Zutaten mischen und würzen.

2 Grillpfanne oder Grill erhitzen. Sardinen auf einem Backblech oder einer großen Platte mit Olivenöl beträufeln, dann von beiden Seiten mit Meersalz und schwarzem Pfeffer würzen.

3 Die Sardinen von jeder Seite etwa 2 Minuten grillen, dabei mit Limettensaft beträufeln.

4 Den griechischen Salat auf die Teller verteilen. Die frisch gegrillten Sardinen darauf legen und mit einer halben Limette pro Portion und reichlich Koriandergrün garnieren.

Auberginen-Knoblauch-Dip

2 große Auberginen, geschält
4 Knoblauchzehen, geschält
Salz und frisch gemahlener schwarzer Pfeffer
200 g Sahne
2 EL Parmesan, gerieben
Zitronensaft

1 Backofen auf 200 °C vorheizen. Die Auberginen würfeln und Knoblauch in Scheiben schneiden. Beides in eine feuerfeste Form geben, mit etwas Salz und Pfeffer würzen, dann Sahne darüber gießen und mit Alufolie bedecken. Für Luftabzug sorgen.

2 Das Ganze 30 Minuten backen, bis die Auberginen weich und zart sind, dann in der Küchenmaschine pürieren und würzen. Ist die Masse zu flüssig, etwas geriebenen Parmesan zugeben. Mit einem Spritzer Zitronensaft verfeinern.

Hummus

125 g getrocknete Kichererbsen
Saft von 2 Zitronen
2 Knoblauchzehen, geschält
2 EL Olivenöl
100 g Tahin-Paste
Salz und frisch gemahlener schwarzer Pfeffer

1 Kichererbsen mindestens 8 Stunden in Wasser quellen lassen, dann 2 Stunden kochen, abgießen und abkühlen lassen.

2 Die Kichererbsen mit Zitronensaft und Knoblauch in der Küchenmaschine pürieren, dabei Olivenöl nach und nach zugeben, dann die Tahin-Paste, bis die Masse dickflüssig und cremig ist. Abschließend würzen.

Bruschetta

6 Flaschentomaten, ohne Haut
1 Bund frisches Basilikum
1 Ciabatta-Brot
2 Knoblauchzehen, geschält und halbiert
Reichlich kaltgepresstes Olivenöl
Meersalz

1 Die Tomaten würfeln und mit geschnittenem Basilikum vermischen, bis zum Verzehr kühl stellen.

2 Grillpfanne oder Grill erhitzen. Das Brot in dicke Scheiben schneiden und von jeder Seite stark bräunen.

3 Das Brot mit Knoblauch einreiben, mit reichlich Olivenöl beträufeln und mit Meersalz bestreuen. Tomatensalat auf das Brot löffeln und servieren.

Tapenade

4 ganze Anchovis, in Salzlake eingelegt
1 El schwarze Oliven, entsteint und grob gehackt
1 El grüne Oliven, entsteint und grob gehackt
1 EL Kapern, gehackt
2 EL Petersilie, frisch gehackt
Saft von 1 Limette
1 Knoblauchzehe, geschält und zerdrückt
1 EL kaltgepresstes Olivenöl
Salz und frisch gemahlener schwarzer Pfeffer

1 Wenn nötig, Anchovis halbieren und Gräten entfernen. Anchovisfleisch mit einer Gabel zerkleinern.

2 Oliven, Kapern und Petersilie in einer großen Schüssel mit Limettensaft und Knoblauch mischen, dann Olivenöl und Anchovis unterheben, würzen und servieren.

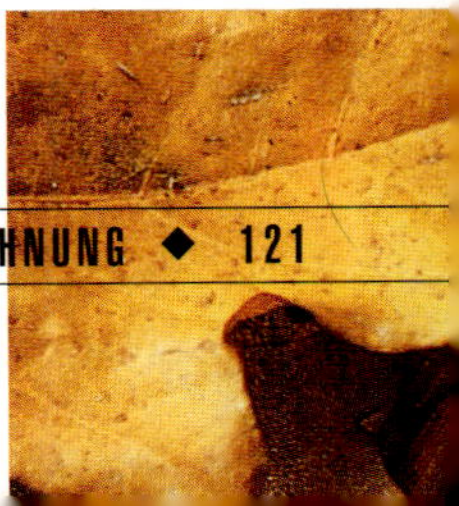

4 Besondere Gelegenheiten

Ein Menü soll zu besonderen Anlässen der festlichen Stimmung gerecht werden, aber auch die Persönlichkeit der Gäste berücksichtigen und zum Ambiente passen. Dieses Kapitel enthält Vorschläge, wie man für sieben besondere, jedoch unterschiedliche Anlässe das optimale Menü zusammenstellt und eine stimmungsvolle Atmosphäre schafft – vom unkomplizierten, lustigen Kindergeburtstag bis zu einem einmaligen, wichtigen Ereignis wie einer Hochzeit.

So gelingt ein Kindergeburtstag

Das Erfolgsgeheimnis eines erfolgreichen Kindergeburtstags besteht darin, das richtige Verhältnis zwischen geräuschvollem, ausgelassenem Yang und ruhigem, entspannendem Yin zu finden und so die individuellen Bedürfnisse aller Kinder zu berücksichtigen.

Eine Yang-Atmosphäre eignet sich für Spaß und Spiele – optimal also zu Beginn des Festes, um die Kinder zu begeistern und zum Mitmachen anzuregen. Hierfür braucht man genügend freien Platz zum Spielen, etwa einen Garten, einen nahe gelegenen Park oder ein großes, geräumiges Zimmer. Im Haus begünstigen leuchtende Farben und helles Licht (besonders Strahler und farbige Glühbirnen) das Yang. So weit es geht, entfernt man Möbel, Teppiche, Sessel und Sofa, dekoriert mit bunten Luftballons, weichen Schaumgummibällen und Spiegeln und legt dazu heitere Musik auf.

Zum Essen und für kleine Pausen sollte ein ruhiger Yin-Platz angeboten werden. Weiche Materialien, indirekte Beleuchtung und Pastellfarben eignen sich für den Essbereich. Große Bodenkissen, weiche Teppiche und niedrige, bequeme Stühle sorgen für eine Atmosphäre der Geborgenheit. Bei einer Geschichte, sanfter Musik und umgeben von Stofftieren kommen die Kinder zur Ruhe.

Das Erfolgsgeheimnis eines Kindergeburtstags besteht darin, das richtige Maß an Yang zu finden, um eine Atmosphäre zu schaffen, in der die kleinen Gäste aus sich herausgehen und spielen können, aber nicht zu übermütig und wild werden.

Für Kinder ist es sehr wichtig, dass ihr Geburtstag gefeiert wird und sie an diesem Tag im Mittelpunkt stehen. Manche Partys und Feste sind jedoch von ungesundem Essen und folglich auch von überschäumendem Temperament und Überreaktionen gekennzeichnet. Zu viel Süßes hebt den Blutzuckerspiegel schnell an und macht Kinder überaktiv. Es ist besser, sorgfältig auszuwählen, was man anbietet – etwa zuckerfreie Marmelade, Fruchtsäfte, verdünnten Sirup und Nahrhaftes, das reich an Kohlenhydraten ist, wie Brot, Pasta und Gemüse, und den Energiespiegel langsam anhebt und damit Überreaktionen vorbeugt.

Dazu überlegt man, welche einfachen, aber gesunden und frischen Zutaten auch Kindern schmecken. Wichtig ist, eine gute Mischung aus Süßem, Saurem und Herzhaftem anzubieten, damit jedes Kind auf seine Kosten kommt.

Es ist auch wichtig, sich Gedanken zu machen, wie man das Essen präsentiert. – Kinder sind meist von interessanten Formen und leuchtenden Farben fasziniert. Mit Tier-Ausstechförmchen oder Cocktailstäbchen zum Aufspießen von Würfeln und kleinen Häppchen lassen sich Zutaten kreativ variieren. Für Spießchen kann man etwa Apfel- und Tomatenstücke, Kirschen, Melonenkugeln, Erdbeeren, Käsewürfel, Silberzwiebeln und Bananenscheiben verwenden; besonders raffiniert wirkt ein Schokoladenstückchen in der Mitte.

EINFACHER KUCHEN OHNE ZUCKER Der folgende Backvorschlag ist für die unterschiedlichsten Anlässe schnell – und ohne Zucker – zubereitet. Der Kuchen ist so einfach, dass die Kleinsten ihn sogar schon backen können, wenn sie auch beim Trennen der Eier noch etwas Hilfe brauchen.

Backofen auf 200 °C vorheizen. Acht Eier trennen, Eiweiß steif schlagen. In einer großen Schüssel Eigelb schaumig schlagen, 200 g Mehl-Backpulver-Mischung auf die Masse sieben und alles gut mischen. Den Eischnee unterziehen und glatt rühren. Die Masse in eine gefettete und mit Mehl bestäubte Kuchenform (15 cm Durchmesser, 4 cm hoch) füllen und 20–30 Minuten backen.

Den Kuchen nach Belieben dekorieren, vielleicht mit frischem Obst, zuckerfreier Marmelade und Schlagsahne. Möchte man den Kuchen mit einer Schokoladenglasur überziehen, mischt man dafür 50 g geschmolzene Schokolade mit 250 g Sahne. Den glasierten Kuchen mit Erdbeerstückchen oder Himbeeren und Schokoraspeln oder Schokofiguren verzieren. Für einen Schokoladenkuchen 50 g Mehl durch Kakaopulver ersetzen.

MINI PIZZEN Das folgende Rezept reicht für 10 runde Minipizzen. Backofen auf 230 °C vorheizen. 400 g gesiebtes Mehl, einen Teelöffel Trockenhefe und einen Teelöffel Salz in einer Schüssel mischen. Zwei Esslöffel Olivenöl zugeben und nach und nach 250 ml lauwarmes Wasser unterarbeiten, bis eine weiche, formbare Masse entsteht und der Teig nicht mehr klebt. Die Schüssel mit Klarsichtfolie bedecken und den Teig darin an einem warmen Ort etwa eine Stunde gehen lassen.

Wenn der Teig sein Volumen verdoppelt hat, auf einer bemehlten Fläche verkneten. Pizzaböden in der gewünschten Form (8 cm Durchmesser) ausrollen und nach Wunsch belegen. Für einen einfachen Belag verwendet man klein geschnittene Tomaten, Mozzarella und Basilikum. Kinder mögen meist auch Thunfisch mit Zitronensaft und etwas Crème fraîche vermischt, belegt mit mittelscharfem Cheddarkäse und mit klein geschnittenem Schnittlauch bestreut. Für einen ausgefallenen Pizzabelag Pilze mit Speck und Knoblauch anbraten. Die Pizzen in etwa 10 Minuten goldbraun backen.

Ungezwungener Genuss beim Picknick

Ein Picknick in freier Natur, fernab vom Alltagsstress lädt zum Entspannen und Abschalten ein. Ein Picknick im Park in der Stadt bietet mehr Yang-Chi als ein Picknick auf dem Land, ist aber unter Umständen nicht ganz so entspannend. Ein Park bietet aber den Vorteil, dass er oft farbenprächtig bepflanzt ist und Menschen sich dort gern aufhalten, er also ein Ort der Gemeinschaft sein kann. Für einen Tagesausflug mit Picknick ist die frühe Zeit am Morgen am besten für Spiele und Aktivitäten geeignet, während der Nachmittag eher zum Entspannen, Lesen oder zu einem Mittagsschläfchen einlädt.

Bei einem Picknick spielt das Wetter natürlich eine wesentliche Rolle. Strahlender Sonnenschein bietet viel Yang, liefert somit die erforderliche Begeisterung und gute Laune. Windiges Wetter bietet ebenfalls Yang und hilft, die Gedanken zu ordnen und kreativ zu sein. Wolken und Regen betonen das Yin, beruhigen die Gefühle und begünstigen Vertrautheit. Schnee bietet mehr Yin als anderes Wetter. Ein Gewitter fördert dagegen das Yang-Chi.

Beim Essen im Freien nimmt die körpereigene Energie das natürliche Chi der Umgebung auf; dies verhilft zu Entspannung, Frische und neuer Kraft. Man bestimmt den geeigneten Ort für ein Picknick je nach Atmosphäre, die man dort schaffen will.

DER IDEALE PICKNICKPLATZ

Da Natur und Landschaft die Gefühle beeinflussen, muss man den Platz für ein Picknick sorgfältig auswählen. Die Berge bieten schnelles, vertikal fließendes Chi und somit eine anregende Yang-Atmosphäre. Sie sind das geeignete Ausflugsziel, wenn man mit der unabhängigen, spirituellen oder kreativen Seite seiner Persönlichkeit in Berührung kommen will. Je höher und felsiger das Gelände, desto schneller und stärker der Fluss des Yang-Chi und umso stimulierender das Picknick.

Flaches, weites Land begünstigt horizontal fließendes Chi und somit den Fluss des Chi von einer Person zur anderen. Daher ist eine Ebene gut für gesellschaftliche Anlässe und Zusammenkünfte, ausgelassene Feste, aber auch ein Picknick für zwei geeignet. Das Chi von Pflanzen, Bäumen und Wiesen begünstigt das Yin in der Ebene.

Frisches, sauberes Wasser hebt den Energiespiegel und fördert die Gesundheit. Deshalb gehen viele Menschen ans Meer oder in ein Kurbad, um sich zu erholen oder zu genesen. Salzwasser bietet mehr Yang als Süßwasser; das Baden im Meer aktiviert das Chi der Salzströme im Körper und revitalisiert. Um einen geruhsamen Tag am Meer ausklingen zu lassen, wählt man eine Bucht, wo die See ruhig ist, für neuen Schwung einen weiten Küstenrand mit hohen Wellen.

Flüsse und fließendes Wasser bieten allgemein reichlich positives Chi. Der günstigste Ort ist der Platz an einer Flussbiegung, wo das Wasser auf einen zu und dann um einen herum fließt. Ein reißender Fluss ist dynamischer und hat mehr Yang als ein langsam dahin plätschender mit beruhigender Wirkung auf das Chi.

Seen und stehende Gewässer tendieren zu Yin und bieten ruhiges, entspannendes Chi, das eine friedvolle Atmosphäre fördert und zum Nachdenken anregt. Verschmutzte Gewässer dagegen beeinflussen das Chi negativ.

Ein Picknick ist die Gelegenheit, die eigenen Kochkünste zu demonstrieren, vielleicht an einem Sporttag mit Kollegen oder bei einem Bootsausflug am Nachmittag mit der Familie. Nach Belieben kann ein Picknick sehr stilvoll oder ganz schlicht gehalten sein. Feines Besteck, Geschirr, echte Gläser, Servietten und ein Tischtuch unterstreichen das Besondere. Die Garantie für ein gelungenes Picknick ist ein Korb voll gepackt mit vielen originellen Köstlichkeiten, zu denen man Champagner anbietet.

Gut geeignet für ein Picknick sind Garnelen, Brot und Gemüse zu unterschiedlichen Dips. Im Anhang (S. 151) finden sich Rezeptvorschläge für Dips sowie für Hummus als herzhafte Beilage (S. 121). Zu Dip schneidet man Obst und Gemüse in mundgerechte Häppchen. Weniger typische Zutaten zum Dip sind kleine Maiskölbchen, Cocktailtomaten, Zucchini, Bleichsellerie, Fenchel, Radieschen und, wenn man Scharfes mag, auch frischer Rettich. Dazu passt selbst gebackenes Brot (S. 154–155).

Geröstete Gemüse-Bruschetta sind eine ganz besondere Köstlichkeit. Dafür rote Paprika, rote Zwiebeln und Cocktailtomaten in etwas Olivenöl mit reichlich Oregano, Koblauch und etwas Sirup anbraten. Einige Scheiben Ciabatta rösten, mit einer halbierten Knoblauchzehe einreiben, mit Gemüse belegen und mit Öl beträufeln.

Zu einem Picknick gehören eigentlich auch ein paar ausgefallene kulinarische Besonderheiten, wie etwa Dubliner Garnelenspießchen, die man einfach zubereiten und transportieren kann. Dafür sechs gekochte Garnelen mit roten Chillies über Nacht in Zitronenöl (S. 153) marinieren. Auf Cocktailspießchen stecken und mit etwas geröstetem Sesamsamen bestreuen.

Auch belegte Brote sind bei einem Picknick nicht wegzudenken. Weniger bekannt sind frische Bagels mit Räucherlachs, Frischkäse und fein geschnittenem Schnittlauch, mit frisch gemahlenem schwarzen Pfeffer und etwas frisch gepresstem Zitronensaft verfeinert.

Akzente setzen mit einer Einweihungsparty

Wenn man umzieht, muss man sich erst im neuen Heim einleben. Möbel und Dekor, die den persönlichen Geschmack und die eigenen Vorstellungen widerspiegeln, bringen das eigene Chi in die neue Wohnung. Ein gelungener Auftakt mit einer temperamentvollen Einweihungsparty, bei der Gastfreundschaft und das positive Chi von Freunden sich begegnen, sorgt dafür, dass man sich in der neuen Wohnung schnell heimisch fühlt.

Vor der Party muss zunächst das Chi der früheren Bewohner vertrieben werden. Dazu renoviert man meist und reinigt alles gründlich. Weiche Materialien nehmen im Lauf der Jahre Chi auf, auch das Chi schlechter Erfahrungen, Streitereien, Spannungen oder negativer Gefühle.

Ein Umzug ist die passende Gelegenheit für eine Feier. Man stellt Verwandten und Freunden das neue Heim vor und kann mit dem Fest das eigene Chi etablieren.

Das neue Zuhause wird von oben bis unten (Wände, Böden und Decken) geputzt und frisch gestrichen, damit das Chi aufgefrischt und erneuert wird. Die Küche sollte besondere Beachtung finden, da verbrauchtes Chi aus der Küche Gesundheit und Wohlbefinden der Familie beeinträchtigen könnte.

Die Atmosphäre kann von Anfang an positiv verändert werden, wenn das Yang im neuen Heim betont wird und der Fluss des Chi beschleunigt, also verbrauchtes Chi vertrieben wird.

Ist das Haus von altem Chi befreit, führt man neue Energie ein, etwa durch eine Einweihungsfeier. Freunde und Verwandte steuern eigenes Chi bei und helfen so, das Chi zu verändern. Je mehr Gäste kommen, desto mehr Wärme wird erzeugt. Menschen, die glücklich sind und sich wohl fühlen, verbreiten positives Chi, ebenso wie schwungvolle Musik und Tanz.

Wünscht man eine ausgelassene Stimmung, feiert man, wenn das Haus noch möglichst leer ist und das Chi sich frei und schnell bewegen kann. Das Chi im Raum wird sogleich zu Beginn nachhaltig beeinflusst und eignet sich gut für Gäste mit ausgeprägtem Yang.

Möchte man eine ruhigere oder anspruchsvollere Atmosphäre erzeugen, wartet man, bis das Haus eingerichtet und dekoriert ist.

Nach der Feier putzt man gründlich, um das Chi zu reinigen. Man kann den Reinigungsprozess dadurch unterstützen, dass man abends vor dem Schlafengehen Meersalz auf den Boden streut und es am nächsten Morgen mit dem Besen oder Staubsauger wieder entfernt.

Exotische Düfte eignen sich gut, wenn man Gäste herzlich empfangen will. Am besten bereitet man einen deftigen Eintopf oder ein Curry-Gericht zu, dessen Aroma sich im ganzen Haus verbreitet. Eine Gemüsesuppe mit Kartoffeln, Karotten und indischem Gewürz schmeckt ausgezeichnet zu selbst gebackenem Brot und Mixed Pickles. Auch vegetarischer Chilieintopf wie das würzige Cassoulet auf Seite 57 mit vielen grünen und roten Chillies ist als Einstieg gut geeignet. Zum Aufwärmen, besonders an kalten Winterabenden, serviert man den Gästen Glühwein.

GLÜHWEIN Die angegebene Menge reicht für sechs Personen und kann beliebig variiert werden. Für den Glühwein einen Liter Rotwein mit zwei Zimtstangen, zwei Esslöffeln Honig und einer mit Nelken bestückten Orange sowie dem Saft von zwei Zitronen und zwei Orangen 15–20 Minuten erwärmen, aber nicht aufkochen, dann durch ein Sieb gießen und servieren.

WÄRMENDE GEMÜSESUPPE Die angegebene Menge ist ausreichend für sechs Personen. Die Gemüsesuppe wird durch die Zugabe von etwas Wein, Knoblauch und Gewürzen besonders herzhaft. Zwei bis drei Kilo verschiedene Gemüsesorten – je mehr, desto besser – in 4 cm große Stücke schneiden, zum Beispiel rote Zwiebeln, Kürbis, Pastinaken, Sellerie, Kartoffeln, Kohlrüben, Zucchini, Maiskölbchen, Pilze, Brokkoli, Blumenkohl, Zuckerschoten, Bohnen.

Die Zwiebeln bei mittlerer Hitze in etwas Olivenöl 10 Minuten bräunen, dann das geschnittene Gemüse zugeben (mit Ausnahme der Sorten mit kurzer Garzeit, wie Bohnen, Brokkoli, Blumenkohl und Zuckerschoten). Zwei zerdrückte Knoblauchzehen und eine entkernte, in feine Streifen geschnittene Chili zugeben und alles unter ständigem Rühren nochmals 10 Minuten anbraten.

Einen Liter Gemüsebrühe (S. 150), ein Glas Rotwein und zwei Teelöffel Garam Masala (S. 149) zu dem Gemüse geben, alles würzen, gut umrühren und bedeckt 1 Stunde ziehen lassen.

Die restlichen Gemüsestücke und zwei Esslöffel frisches Koriandergrün zugeben und nochmals 10 Minuten ziehen lassen. Wenn nötig, nachwürzen, dann gleich servieren. Die Suppe kann bis zu vier Tage im Kühlschrank aufbewahrt werden.

FILOTÄSCHCHEN Diese köstlichen Appetithäppchen kann man nach Belieben füllen, etwa mit pochiertem Lachs und Schnittlauch. Gut schmeckt auch eine Füllung aus Tomaten, Dolcelatte und Basilikum oder aus gebratenem Speck und Pilzen. Bei Kindern ist Thunfisch mit Mais und etwas Mayonnaise sehr beliebt. Die Filotäschchen mit unterschiedlichen Dips servieren. Backofen auf 230 °C vorheizen. Aus einem Stück Filoteig (15 x 15 cm) acht Quadrate ausschneiden und auf einer Seite mit flüssiger Butter bestreichen. Mit pochiertem Lachs (150 g für acht Täschchen) und fein geschnittenem Schnittlauch füllen. Die Ränder nach oben zu einem Täschchen zusammenklappen, mit flüssiger Butter betreichen und 10 Minuten goldgelb backen.

Grillen verströmt Feuerenergie und bietet in der frischen Natur eine gute Gelegenheit, Freunde und Familie in entspannter, fröhlicher Runde zusammenzubringen. Das Feuerelement fördert Extrovertiertheit und Ausdrucksfähigkeit der Gäste. Die Natur verstärkt das Gefühl von Freiheit.

Sommerliche Stimmung beim Grillfest

Wenn das Wetter mitmacht, lädt man gern Freunde zum Grillen über offenem Feuer ein. Die gegrillten Speisen absorbieren das frische Chi der Natur und bringen das persönliche Chi mit der Umgebung in Einklang.

Je frischer die Zutaten sind, desto kräftiger ist ihr Chi. Daher sollte Gemüse aus dem Garten erst kurz vor Gebrauch gepflückt werden. Das Gleiche gilt für Fisch, er sollte frisch sein.

Auch der Grill beeinflusst das Chi des damit zubereiteten Essens. Ein Grill aus Metall bietet viel Yang; er hält und konzentriert die Hitze. Ein Grill aus Stein hat Yin-Tendenz und verteilt deshalb die Wärme besser. Zu diesem Zweck einige Steine von drei Seiten aufschichten und ein Metallgitter darüber legen. Am meisten Yin sowie eine schonende Art der Zubereitung bei schwacher Hitze erhält man durch ein Erdloch. Man gräbt ein entsprechendes Loch, zündet ein Feuer darin an und legt ein Metallgitter darüber.

Als Brennstoff sorgt Holz oder Holzglut für eine leichte Art der Yin-Zubereitung. Holzkohle verbrennt bei höherer Temperatur als Holz und tendiert daher zu Yang. Sie hält Wärme länger und ist gut geeignet, wenn man für viele Personen grillt.

Grillen und Gartenpartys sind für viele Menschen der Höhepunkt des Sommers. Wer die Möglichkeit hat, sollte alle Freunde und Verwandten zu einem großen Grillfest einladen. Das Geheimnis eines gelungenen Grillfests sind die Gäste. – Mit guten Freunden lässt es sich gut feiern. Beim Grillen schmeckt es auch allen meist gut, denn der herrliche Geruch des Grillfeuers überträgt sich auf alle Zutaten. Das Essen für ein Grillfest ist schnell organisiert und zubereitet.

Fisch ist sehr gut zum Grillen geeignet, da er bei natürlicher Hitze schnell gart. Den Fisch dafür in Sesamsamen wenden und mit Sonnenblumen- oder Olivenöl beträufeln, dann mit frischen Kräutern und Gewürzen in Alufolie wickeln und vorsichtig auf ausglühender Holzkohle garen. Wenn man Fisch oder Fleisch ein paar Stunden vor dem Grillen mariniert, wird der Geschmack intensiver. Die folgenden Marinaden eignen sich für alle Arten von Zutaten zum Bestreichen während des Grillens, auch für Gemüse.

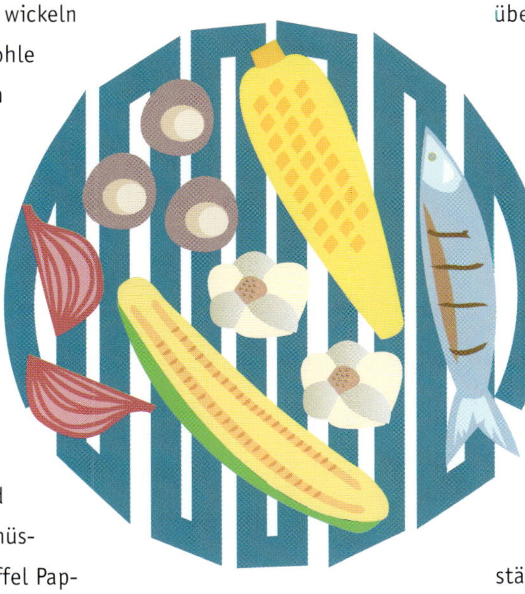

WÜRZIGE GRILLMARINADE Diese Marinade eignet sich für Fisch und Fleisch, besonders für Huhn, Ente und Lammfilets. Folgende Zutaten in einer Schüssel mischen und gut würzen: zwei Esslöffel Paprikapulver, vier entkernte, fein geschnittene rote Chillies, ein Teelöffel Kreuzkümmel, ein Teelöffel Koriandersamen, ein Teelöffel brauner Zucker, ein halber Teelöffel Senfpulver, vier Esslöffel Tomatenketchup, zwei Esslöffel Olivenöl. Fleisch oder Fisch dick mit Marinade bestreichen und vor dem Grillen mindestens zwei Stunden im Kühlschrank ruhen lassen.

WÜRZIGE MARINADE MIT SHOYUSAUCE UND SCHWARZEM PFEFFER Diese Marinade passt besonders gut zu rotem Fleisch, aber auch zu fettem Fisch wie Lachs, Forelle und Sardinen. Für die Marinade 200 ml Shoyusauce, 100 g Melasse (oder Honig), drei Esslöffel Sesamöl, einen Teelöffel Tabascosauce und einen Esslöffel schwarzen Pfeffer mischen. Das Fleisch kurz vor dem Grillen und während der Garzeit einige Male damit bestreichen (zuvor nicht marinieren).

GEGRILLTES GEMÜSE Grillen intensiviert den natursüßen Geschmack von Gemüse. Besonders köstlich sind Gemüsespießchen. Dafür mundgerechte Häppchen Paprika, Zucchini, Zwiebeln, Cocktailtomaten, Pilze und Bleichsellerie auf Holzstäbchen oder Zitronengras stecken – nach Belieben mit einem Lorbeerblatt in der Mitte für zusätzlichen Geschmack (nicht zum Verzehr). Das Gemüse während des Garens mit Marinade bestreichen.

Große, flache Pilze sowie Spargel und Mais kann man getrennt grillen. Fenchel und Auberginen schneidet man in dünne Scheiben und bestreicht sie vor dem Grillen mit Olivenöl. Mais wird auf dem Holzkohlegrill oder in Alufolie gewickelt in der Glut gegart. Kastanien haben wärmenden Effekt und eignen sich gut zum Grillen. Die Kastanien auf einer langen Gabel oder einem Spießchen über Feuer halten, bis die Schale aufspringt.

EXOTISCHE FRUCHTSPIESSCHEN Diese saftige Köstlichkeit kann man fertig gegrillt bis zum Verzehr gut am Rand warm halten. Dadurch nehmen die Früchte noch mehr Grillaroma an. Exotische Früchte wie Passionsfrüchte, Bananen, Karambolen, Mangos, Ananas, Aprikosen und Tamarillos in 4 cm große Stücke schneiden.

Bei schwacher Hitze 50 g Rohrzucker, 300 ml Wasser, eine Zimtstange, einen Rosmarinzweig und Saft von zwei Zitronen erwärmen, bis sich der Zucker vollständig auflöst, dann fünf Minuten bei hoher Temperatur bis kurz vor dem Siedepunkt erhitzen. Den Sirup vom Herd nehmen und fünf Minuten abkühlen lassen.

Die Fruchtstückchen fünf Minuten in den Zuckersirup legen, herausnehmen und sofort auf den heißen Grill legen und bräunen. Die gegrillten Früchte auf Spießchen stecken und mit Crème fraîche, Naturjoghurt oder Schlagsahne sofort servieren.

SPRITZIGER GRILLCOCKTAIL Dieses Getränk ist ein echter Hit und bringt jede Party in Schwung. Unbedingt eisgekühlt servieren, besonders an einem heißen Sommernachmittag!

Für den Cocktail in einem Zwei-Liter-Krug einen halben Liter Wodka Zitrone (eisgekühlt aus dem Gefrierfach), einen Liter Preiselbeersaft, 350 ml frisch gepressten Grapefruitsaft, den Saft von sechs Limetten und drei Orangen sowie kohlensäurehaltiges Mineralwasser mischen und mit zwei Limettenscheiben und viel Eis sofort servieren oder bis zum Servieren nochmals in den Kühlschrank stellen.

Energie und gute Laune zur Silvesterparty

Eine Party kommt erst richtig in Schwung, wenn man viel Platz hat und das Chi frei fließen kann. Dann kann man sich ungehindert bewegen und gut unterhalten. So entsteht Begeisterung!

Wenn man eine Feier plant, muss man den Zeitpunkt genau abwägen. Bei Vollmond tendiert man eher zu Yang, ist stärker extrovertiert und energischer. Ein aufregendes, ausgelassenes Fest setzt man am besten ein paar Tage vor Vollmond an, wenn alle in Partylaune sind. Allerdings ereignen sich in dieser Zeit auch mehr Unfälle. Für ein entspanntes, harmonisches Beisammensein ist die Zeit um Neumond geeignet.

Schnell fließendes Chi ermutigt zum Aufstehen, Tanzen, zu Offenheit und Ausgelassenheit. Das Chi wird durch den Einsatz leuchtender Yang-Farben wie Rot, Gelb und Violett beschleunigt und die Stimmung im Raum wird aufregender. Man kann den Raum mit hellen Lichtern, bunten Blumensträußen, Luftschlangen und Ballons dekorieren.

Spiegel beschleunigen den Energiefluss und schaffen eine knisternde Atmosphäre. Sie vergrößern optisch und vermitteln den Eindruck von Bewegungsspielraum. Glänzende, das Licht reflektierende Windspiele aus Metall oder Spiegelbälle verbreiten das Chi schnell in alle Richtungen und heitern die Atmosphäre zusätzlich auf. Tagsüber kann man eine Kristallkugel in Fensternähe aufhängen, die dafür sorgt, dass das Chi bei geöffnetem Fenster von draußen nach drinnen gelangt, wenn der Wind die Kugel und damit den Energiefluss in Bewegung setzt.

Yang-Gerichte sind eher salzig und trocken (S. 13) und begünstigen Aktivität und Extrovertiertheit, regen zu häufigem Tanzen an. Zu viele Yang-Snacks machen allerdings durstig, Getränke wie Wasser und alkoholische Getränke bieten aber Yin. Herzhafte Speisen sollte man zu Beginn der Feier, Desserts und Kuchen mit mehr Yin später servieren. Wird der Nachtisch zu früh angeboten, sind die Gäste schnell passiv und müde.

Der Höhepunkt einer Silvesterparty ist der Beginn des neuen Jahres um Mitternacht. Eine große Wanduhr oder mehrere Uhren sorgen für die richtige Atmosphäre und lenken die Aufmerksamkeit auf den aufregenden Augenblick, wenn das neue Jahr beginnt. Wenn man den Jahreswechsel mit einer Glocke in der Hand einläutet, wird das Chi erfrischt und erneuert. Ein Feuerwerk im Freien hat den gleichen Effekt und schafft eine erwartungsvolle Stimmung bei allen Partygästen.

Partys sind ausgesprochen beliebt – erst die geschäftige Vorbereitungszeit, in der man umhereilt, aufräumt und Essen vorbereitet, und dann der herrliche Augenblick, wenn Freunde und Verwandte zusammentreffen und man ein warmes, kribbelndes Wohlgefühl verspürt. Jedes Jahr zu Silvester steigt eine große Party mit Gesang, Tanz und gutem Essen. Snacks und ein Buffet mit Fingerfood – kleine Häppchen mit großem Geschmack und exotischem Aroma – werden zubereitet, die Ausgelassenheit und Partystimmung unterstützen. Dazu gibt es eine große Schüssel Punsch.

Als Fingerfood kann man leckere Meeresfrüchte mit Dips servieren, zum Beispiel Riesengarnelen in Linguine mit grüner Chilisauce (S. 114) oder Riesengarnelen im Backteig mit scharfem Dressing (S. 77). Dazu passen herzhafte Zwiebelbällchen (S. 113), Fischspießchen (S. 102), Sushi (S. 80) oder Wantan-Röllchen mit beliebiger Füllung (S. 40).

Auch selbst gemachte Kartoffelchips sind ein beliebter Knabberspaß. Am knusprigsten schmecken sie, wenn man sie 3 Minuten in heißem Öl bei 275 °C frittiert, noch heiß mit Salz würzt und nach Belieben mit anderen Gewürzen variiert, wie etwa mit Curry, Muskat oder Chilipulver. Im Winter sind geröstete Mandeln zum Knabbern gut geeignet. Die Mandeln bei 200 °C im Backofen rösten, warm mit Zucker und Salz bestreuen und servieren.

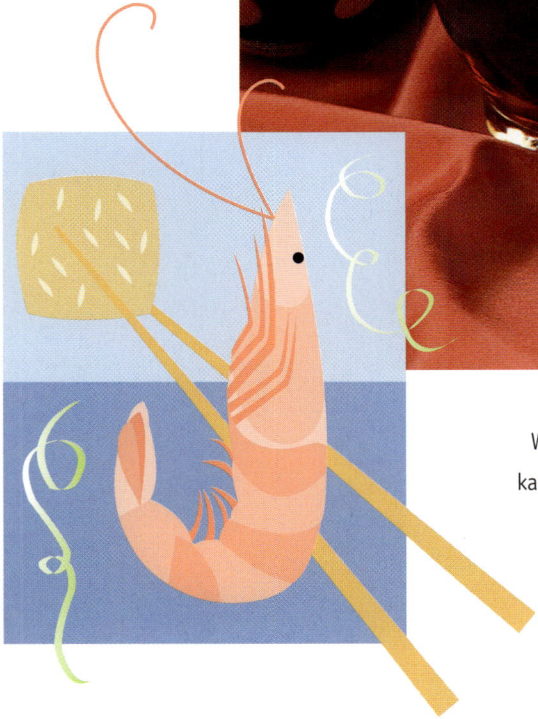

Für Knoblauchbrot ein Baguette mehrmals quer einschneiden und mit einer Mischung aus weicher Butter, zerdrücktem Knoblauch, Kräutern und etwas Salz füllen. In Aufolie gewickelt 15 Minuten backen.

CROSTINI MIT TOMATEN, DOLCELATTE UND BASILIKUM Backofen auf 180 °C vorheizen. Ein Baguette in zwölf Scheiben (2 cm dick) schneiden und auf ein leicht gefettetes Backblech legen. Mit kaltgepresstem Olivenöl beträufeln und mit zerdrücktem Knoblauch einreiben (zwei Knoblauchzehen pro Baguette), dann 10 Minuten goldbraun und knusprig backen. Aus dem Backofen nehmen, jedes Stück mit einer Scheibe Fleischtomate belegen und einen halben Esslöffel Dolcelatte darauf setzen, dann nochmals in den Backofen schieben und gratinieren. Mit frischem Basilikum garnieren und servieren.

Wer Blauschimmelkäse nicht mag, kann Ziegenkäse statt Dolcelatte verwenden. Überbackenes Baguette kann man auch mit Auberginen und Knoblauch-Dip oder Tapenade zubereiten (S. 121).

PARTYCOCKTAIL Dieser Partycocktail findet immer Anklang. Die folgenden Angaben ergeben etwa drei Liter. Sechs Esslöffel Weinbrand und vier Esslöffel Zucker eine Stunde stehen lassen, dann den Saft von zwei Zitronen und zwei Orangen, zwei Esslöffel Curaçao oder Grand Marnier und zwei Flaschen roten Bordeaux zugeben, umrühren und kalt stellen. Vor dem Servieren 500 ml kohlensäurehaltiges Mineralwasser, Eiswürfel und Zitronenscheiben dazugeben – ein spritziges Getränk für gute Laune.

Glück bringendes Chi für eine Hochzeitsfeier

Eine Hochzeit ist ein besonderes Ereignis, sie markiert den Beginn des gemeinsamen Lebensweges von zwei Menschen. Positive, gesunde Energie am Hochzeitstag begleitet ein Paar das ganze Leben.

Der Verlauf des Hochzeitstags kann ausschlaggebend sein für eine dauerhaft glückliche Ehe. Der Bedeutung angemessen sollte das Fest würdevoll, romantisch und feierlich sein, damit positives, dem Ereignis entsprechendes Chi fließen kann. Mit dem Hochzeitsfest soll eine lebenslange Liebes- und Freundschaftsbeziehung beginnen, und die feierliche und glückliche Stimmung dieses Tages soll in Erinnerung bleiben.

Zu einer Hochzeit gehört, dass Freunde und Verwandte bezeugen, wie zwei Menschen versprechen, sich zu lieben und für einander da zu sein. Das Chi der Trauzeugen beeinflusst auch das Chi des Hochzeitspaares und dessen Einstellung zum Ehegelöbnis. Die Hochzeitsgäste sind in froher Stimmung und strahlen ihrerseits das richtige Chi aus.

Auch der Ort der Trauung beeinflusst den Energiefluss. Je nach Religionszugehörigkeit bieten Kirche, Moschee, Synagoge oder Tempel eine Atmosphäre, die manchmal schwer oder zeremoniell wirkt. Das Chi der Zeremonie wird das Hochzeitspaar und die Gäste beeinflussen. Ob eine kirchliche oder standesamtliche Trauung – je älter das Gebäude, desto größer und gegenwärtiger das historische Chi, das der Trauzeremonie formelle Züge verleiht. Eine in einem relativ neuen Gebäude stattfindende Hochzeit bietet viel frisches Chi, wenn die Eheschließung der Neubeginn in einer Beziehung ist.

Hochzeiten im Freien, etwa am Strand oder auf einer Wiese, bieten eine offene und entspannte Atmosphäre und vermitteln ein Gefühl von Freiheit. Dabei spielt auch das Wetter und dessen Chi eine wesentliche Rolle (S. 126).

Der Ort für den Hochzeitsempfang richtet sich nach der Anzahl der Gäste. Wünscht man ein gediegenes und würdevolles Ambiente, kann der Empfang in einem großen, alten Gebäude mit formeller Yang-Atmosphäre stattfinden. Das Menü sollte zur Atmosphäre passen (S. 68–73).

Findet der Empfang zu Hause statt, etwa unter einem großen Festzelt, wird die Hochzeit symbolisch in die Familie verlegt. Es entsteht eine vertraute, freundliche Atmosphäre, besonders wenn es sich um ein sehr familiäres Fest mit Kindern handelt. Ein Festzelt hat zwar etwas Vorübergehendes an sich, bietet aber Chi aus der freien Natur. Findet der Empfang in einem großen Garten statt, kann es sein, dass die Gäste sich verteilen und das Fest den Schwerpunkt verliert. Das Yin-Element wird betont; Aufregung und Begeisterung legen sich. Man umgeht dieses Problem, indem man einen Bereich im Garten für die Feier abgrenzt.

Der Hochzeitstag ist eines der wichtigsten Ereignisse im Leben der meisten Menschen. An diesem Tag muss alles stimmen, auch das Essen. In Restaurants finden immer wieder große Hochzeiten statt, und jede wird anders gestaltet. Meist ist der Restaurant-

chef bemüht, das Paar und die Verwandten kennen zu lernen und deren Wünsche und Ansprüche herauszufinden. Gutes Essen ist ein wichtiger Bestandteil einer Hochzeit. Zum Beispiel passen raffiniert belegte Kanapees zu einer Hochzeitsfeier. Wird das Essen am Tisch serviert, entsteht eine förmlichere Atmosphäre. Ein Buffet bietet dagegen eine belebte Stimmung: Man hat Gelegenheit, sich frei zu bewegen und sich mit den anderen Gästen zu unterhalten. Für ein Buffet empfehlen sich Meeresfrüchte und andere Köstlichkeiten, von denen hier eine kleine Auswahl vorgeschlagen wird.

Für Kanapees mit eingelegtem Hering, Schalotten und saurer Sahne Hering mit gehackten Schalotten, Dill und Gewürz mischen, die Masse auf warmes, geröstetes Ciabatta-Brot streichen und das Ganze mit etwas saurer Sahne verzieren.

Für Hummer und Trüffeltörtchen zuerst ein Stück Hummerschwanz, dann eine Pilzscheibe (schwarze Trüffel) in ein Tortenförmchen legen und mit etwas Zitronensaft beträufeln. „Reitender Engel" ist in Speck eingerolltes Austernfleisch auf Cocktailspießchen. Diese Happen mit gebratenem Speck schmecken besonders gut, wenn sie noch mit etwas Zitronensaft verfeinert werden.

Für Rispentomaten mit weißem Krabbenfleisch Tomaten blanchieren, enthäuten und aushöhlen. Krabbenfleisch mit Limettensaft, frisch geriebenem Ingwer, etwas Crème fraîche und Gewürz verfeinern und in die Tomaten füllen.

Das Weihnachtsfest bietet die Gelegenheit, das Haus mit Lichtern und Schmuck feierlich zu dekorieren und die Familie in einer warmen, freudigen Atmosphäre zu empfangen. Das traditionelle Weihnachstessen gerät mit der Verwendung von poliertem Silberbesteck und -geschirr, funkelnden Gläsern, roten oder violetten Servietten und Blumen festlich und aufregend. Für eine ruhige Atmosphäre empfehlen sich grüne Servietten auf cremefarbenem Tischtuch und weiße Blumen.

Den Zauber einfangen zu Weihnachten

Eine gelungene Weihnachtsdekoration hält ein Gleichgewicht zwischen Yin und Yang. Jedes Yang-Element wird durch ein Yin-Objekt ausgeglichen.

Gold- und silberfarbener, violetter und roter Weihnachtsschmuck begünstigt anregendes Yang-Chi, besonders von runden, glänzenden Gegenständen wie etwa den Kugeln am Weihnachtsbaum. Kleinere Räume und Zimmer in matten Farben sollten sparsam dekoriert werden, um das Chi nicht zu überladen. Für den Erhalt von Wärme und Harmonie eignet sich eine Yang-Dekoration mit Yin-Elementen, zum Beispiel weiche Stoffe, Bänder, Polster und Kissen mit cremefarbenen, hellgrünen oder hellblauen Verzierungen. Zu viel Schmuck in leuchtenden Farben wirkt stark stimulierend und begünstigt Spannungen, zu viel Zurückhaltung führt jedoch zu Stagnation und Enttäuschung.

Weihnachstbäume haben aufgrund ihrer spitzen Form Yang-Tendenz und wirken anregend auf die Atmosphäre im Raum. Um einen entspannenden Effekt zu schaffen, kann man Baumschmuck aus Stoff in neutralen Farben verwenden, etwa blassgelbe Schleifen, Stroh- oder Holzschmuck. Die

Größe des Baums sollte sich an der Größe des Raums orientieren. Ist der Baum zu groß, beherrscht er das Zimmer, wirkt überwältigend und erschwert das Entspannen. Der optimale Standort ist die Nord-, Ost-, Südost- oder Südseite des Raums. Die diesen Richtungen zugeordneten fünf Elemente – Wasser (Norden), Holz (Osten und Südosten) und Feuer (Süden) – passen am besten zum Chi des Weihnachtsbaums.

Kerzenschein oder bunte Lichter sorgen zu Weihnachten für positives Chi und lassen das Geschehen in vertrautem, warmem, verzaubertem Licht erscheinen. Bei echten Kerzen am Weihnachtsbaum ist aber Vorsicht geboten!

Im Allgemeinen ist man schneller verärgert und aggressiv, wenn man sich eingeengt und zusammengepfercht fühlt. Beim anschließenden Aufräumen sollte jeder helfen, dabei die Fenster öffnen und neue Frische eintreten lassen. Spürt man, dass die Atmosphäre angespannt ist, kann ein gemeinsamer Spaziergang die Stimmung wieder auflockern.

WEIHNACHTSESSEN

Die Stühle stehen am besten in einem Kreis oder Oval oder um einen Tisch mit abgerundeten Ecken. Es ist nicht zu empfehlen, jemandem einen Platz an einer Ecke im Strom schnell fließender, wirbelnder Energie zuzuweisen, denn das schafft Nervosität.

Die Sitzordnung richtet sich im Übrigen nach der Persönlichkeit der Gäste (S. 67). Wer eher laut und leicht erregbar ist, sollte Richtung Norden sitzen, um in den Strom der Ruhe und des Friedens aus dieser Richtung zu gelangen. Ruhige, eher schüchterne Menschen werden in Richtung Süden ermutigt, sich am Gespräch zu beteiligen.

Fette und gesüßte Speisen belasten. Es empfiehlt sich, das traditionelle Weihnachtsessen entsprechend abzuändern, damit die Gäste ein oder zwei Stunden nach dem Essen nicht reizbar oder müde werden. Eine ausgewogene Mahlzeit mit viel Gemüse wäre die richtige Wahl. Rettich, Essig, Zitrone und Eingelegtes helfen, Fett aufzuspalten und abzubauen. Man sollte den Nachtisch nicht mit raffiniertem Zucker süßen. Zu viel Alkohol reizt die Leber.

Weihnachten wird in jedem Land anders gefeiert. In England isst man gern Geflügel, in Frankreich frische Meeresfrüchte und in Italien Panettone, das ist ein Hefekuchen mit Trockenfrüchten. Persönliche Vorlieben wie Gans oder Geflügel im deutschsprachigen Raum mit allem Drum und Dran sind ebenso traditionelle Gerichte. – Das Weihnachtsessen ist bei mir oft das einzige traditionelle Festessen im Jahr. Ein Weihnachtsessen gemäß den Regeln der Feng-Shui-Lehre ist immer gesund, wie etwa im Ganzen pochierter Lachs.

Ein ganzer Lachs lässt sich am einfachsten in einem großen Fischtopf zubereiten. Den Fisch in den Topf legen und mit kaltem Wasser bedecken. Salz, Pfeffer, Zitronenscheiben und ein Bouquet

garni zugeben. Bei mittlerer Hitze 5–10 Minuten (je nach Größe des Fischs) aufkochen lassen, dann den Herd sofort ausschalten. Den Fisch in der Kochflüssigkeit vollständig abkühlen lassen (etwa 2 Stunden); er ist dann gar. Mit Gurkenscheiben garnieren. Dazu einen Joghurt-Dip servieren, der mit Zitronensaft und Koriander verfeinert ist.

Ist ein ganzer Fisch zu viel für die Familie, kann man auch dicke Lachsfilets kaufen und sie in Olivenöl, vermischt mit etwas zerdrücktem Knoblauch, von beiden Seiten 5 Minuten braten. Am Ende der Garzeit mit Limettensaft beträufeln, dann auf Spinat anrichten. Dazu Crème fraîche, mit Dill und Zitrone verfeinert, servieren.

Auswärts essen 5

Wenn man auswärts isst, kann man den Energiefluss nicht so leicht steuern wie im häuslichen Umfeld. Daher kommt der Wahl des richtigen Restaurants für einen bestimmten Anlass eine größere Bedeutung zu. Ausstattung, Einrichtung und Lage des Lokals, das Essen, das dort serviert wird, sowie das Chi der Angestellten beeinflussen das eigene Fühlen und das persönliche Chi. Ein Restaurant, das sich für ein Geschäftsessen mit einem wichtigen Kunden anbietet, eignet sich wahrscheinlich nicht für ein Rendezvouz oder für ein Mittagessen in heiterer Familienrunde. Das folgende Kapitel zeigt, worauf man achten sollte, um das passende Lokal ausfindig zu machen.

Die Wahl des richtigen Restaurants

Das passende Restaurant findet man, wenn man weiß, welches Lokal für die jeweilige Situation das geeignetste Chi hat. Für ein Treffen mit guten Bekannten ist sicher eine entspannte Yin-Atmosphäre zu empfehlen, in der man sich ohne Zeitdruck und ungestört unterhält. Dieses Kapitel zeigt, wie jede Mahlzeit im Lokal zu einem Erfolg wird.

Bevor man sich für ein Restaurant entscheidet, sollte man überlegen, welche Art von Chi man sich wünscht. Dieses Chi hängt vom Anlass, von der Zahl der Gänge und von der Tageszeit ab. Welches Lokal erfüllt die allgemeinen Voraussetzungen hinsichtlich Größe, Lage, Einrichtung, Essen und Publikum und bietet zugleich das richtige Chi? Diese Überlegungen vereinfachen die Wahl des geeigneten Restaurants, und im Folgenden werden einige Anregungen dazu gegeben.

Für ein stilvolles Festessen mit vielen Gästen empfiehlt sich ein förmlich wirkendes Restaurant, zum Beispiel ein angesehenes Landgasthaus mit edler Tischdekoration und erstklassigen Weinen oder ein schickes städtisches Restaurant mit gutem Ruf. Restaurants in alten oder historischen Gebäuden bieten solides Chi und vermitteln Tradition und Größe, besonders wenn das Speiselokal schon lange existiert und gut eingeführt ist. Wertvolles Silberbesteck oder goldene Kerzenhalter begünstigen das Metallelement und unterstreichen die Wirkung der gediegenen Atmosphäre. Kronleuchter aus Kristall und Spiegel, besonders solche mit verschnörkelter Einfassung, verströmen die Energie im Raum schneller und sorgen für anregendes, frisches Chi. Restaurants mit hohen Räumen verströmen reichlich vertikal fließendes Chi, das großartige Ideen und tiefgründige Gespräche fördert, Sentimentalität unterbindet und eine feierliche, förmliche Atmosphäre schafft.

Für eine besondere Feier zu zweit, etwa den Hochzeitstag, eignet sich ein intimeres Lokal besser. Ein gemütliches Landgasthaus bietet die richtige Yin-Atmosphäre, insbesondere wenn es dort viele gepolsterte Flächen gibt, die den Energiefluss verlangsamen und so zur Entspannung und zum Abschalten beitragen. Die Einrichtung in Pastellfarben wie Rosa, Hellgrün, Hellblau oder Hellgelb verstärkt den Yin-Effekt zusätzlich. Ein niedriger Raum begünstigt horizontal fließendes Chi und damit den Austausch von Ideen, Gedanken und Gefühlen sowie gegenseitiges Verständnis und eine gefühlvolle Begegnung.

Für ein Geschäftsessen benötigt man eine Mischung aus starkem, vertrautem Yang-Chi und behaglichem, entspannendem Yin-Chi. Moderne Designer-Restaurants sorgen für das richtige Ambiente bei einem Geschäftsessen. Sie verfügen meist über eine attraktiv präsentierte Auswahl an Gerichten der traditionellen und modernen Küche in von Innenarchitekten entworfenen Räumen. Die Ausstattung überzeugt mit vielen sauberen, glänzenden oder metallenen Yang-Flächen sowie weichen Yin-Möbeln und beruhigend wirkenden Farbtönen. Immer mehr moderne Restaurants greifen auf die Feng-Shui-Lehre zurück, um ihren Gästen eine optimale Atmosphäre beim Essen bieten zu können – mit dem Ergebnis, dass die Gäste sich wohl fühlen, geistig angeregt werden und aus sich herausgehen.

Ein Essen mit guten Freunden ist eine willkommene Gelegenheit, sich zu unterhalten und sich gemeinsam zu freuen. Ein gut besuchtes Lokal mit dynamischer Yang-Energie bietet die richtige Voraussetzung für einen gelungenen Abend. Man kann zum Beispiel ein chinesisches Restaurant besuchen und ein Gericht wählen, das heiß in der Pfanne auf einem Tischkarussell serviert wird. Das Drehen erhöht die Energiebewegung.

Wählt man ein Lokal mit Live-Musik, wird das Chi der Umgebung aktiviert. In einem gut besuchten Restaurant fördert das Chi der anderen Gäste die eigene Geselligkeit und Gesprächigkeit.

Hat man es eilig, wählt man ein Restaurant anderer Art. Snackbars, Cafés und Fastfood-Ketten bieten eine vielfältige Auswahl an Gerichten, wenn es schnell gehen muss. Hamburger-Restaurants haben eine intensive Yang-Atmosphäre, deren Chi durch helle

Ein gemütliches Lokal mit niedrigen Decken eignet sich gut für ein Dinner zu zweit. Ein Landgasthaus bietet reichlich entspannendes Yin-Chi.

Ein dynamisches Yang-Restaurant mit hohen Räumen und viel Licht sorgt für eine lebhafte, vibrierende Atmosphäre und einen heiteren, aufregenden Abend.

FRÜHSTÜCK

Das Holzelement wird mit der Tageszeit am Morgen assoziiert, wenn man frühstückt. Daher empfiehlt sich ein sonniger Raum mit hohen Wänden und viel Grün. – Pflanzen und Blumen eignen sich gut, um das Chi aufzufrischen. Für mehr inspirierendes Chi kann man auf der Terrasse oder im Garten frühstücken. Beim Frühstück kann man Pläne für den Tag schmieden oder eine Liste mit Projekten aufstellen, die man angehen möchte. Die Sonne aus dem Osten sorgt für das positive Chi am Morgen. Daher wählt man möglichst ein Café oder einen Tisch, wo man sich in Richtung Osten setzen kann.

MITTAGESSEN

Das Mittagessen wird mit feurigem Chi assoziiert. Man wählt dafür am besten einen sonnigen Raum oder Platz in leuchtenden Farben und mit freundlicher, gesprächiger Bedienung. Ein Mittagessen mit Kollegen oder Freunden sollte geprägt sein von Heiterkeit und guten Gesprächen. Für das Mittagessen mit einem Kunden ist eine helle, frische Atmosphäre mit effizienter Bedienung zu empfehlen, damit ein guter Eindruck entsteht. In lichten, hohen Räumen mit viel Glas verlaufen Gespräche freundlich und sachlich. Um jemanden kennen zu lernen, ist eine Yin-Atmosphäre mit weicher Möblierung eher geeignet.

Beleuchtung, leuchtende Farben und glänzende Flächen verstärkt wird. Sie sind so konzipiert, dass man schnell isst oder das Essen mitnimmt, um Platz für den nächsten Gast zu machen. Für viele Menschen haben Fastfood-Restaurants zu viel Yang, um das Essen genießen zu können. Sie bevorzugen die entspannte Yin-Atmosphäre einer Snackbar, eines Bistros oder eines Cafés. Oft sind Schnellrestaurants nicht so gepflegt wie Lokale, in denen man sich Zeit lässt, und tendieren eher zu Yang, doch für ein kurzes Auftanken oder kleine Pausen sind sie genau das Richtige.

Japanische Nudel- und Sushibars bieten oft appetitlich servierte Gerichte, eine spartanische Einrichtung, schnelle Bedienung und kurzen Aufenthalt der Gäste in einer Yang-Atmosphäre, deren schnell fließendes Yang-Chi zu neuer Energie verhelfen kann.

Für eine Familie mit Kindern kann die Wahl des richtigen Lokals ausschlaggebend sein, damit das Essen nicht spannungsgeladen verläuft. Es lohnt sich, verschiedene Restaurants auszuprobieren, da Kinder in neuer Umgebung oft anders reagieren. Man kann etwa mit einem nicht so überfüllten Lokal mit hohen Decken beginnen. Kinder mögen es, wenn sie beschäftigt werden und fühlen sich wohler, wenn Aktivitäten, Spiele und Dinge zum Ansehen geboten werden. In manchen Restaurants deckt man Platzsets aus Papier zum Ausmalen oder mit Rätseln. Auch Gegenstände, die mit Wasser assoziiert werden, wie ein Aquarium, oder Objekte, die sich bewegen, wie etwa Mobiles und Windspiele, können Kinder beschäftigen. Auch viele Pflanzen wirken beruhigend auf lebhafte Kinder.

AMBIENTE UND GERÄUSCHKULISSE

Die Atmosphäre im Lokal und der Verlauf der Mahlzeit werden auch von den anderen Gästen beeinflusst. Jedes Restaurant zieht bestimmtes Publikum an. Ein lebhaftes Bistro mit moderner Küche und Einrichtung lockt eher jüngere, trendbewusste Menschen an, während ein klassisches, elegant eingerichtetes Restaurant vor allem auf ältere Menschen anziehend wirkt. Wenn man auswärts isst, will man sich wohl fühlen. Man sollte möglichst schon im Vorfeld herausfinden, welches Publikum ein bestimmtes Lokal besucht. – Schließlich will man in einem Restaurant mit lauter Pärchen kein Geschäftsessen geben!

Musik und Geräuschkulisse können das Ambiente eines Restaurants ganz wesentlich beeinflussen. Bei sanfter Musik kann man sich entspannen; Lokale mit sehr lauter oder rhythmischer Musik sorgen für eine ausgesprochene Yang-Atmosphäre, die unter Umständen verdauungsstörend wirkt und vom Genuss der Mahlzeit ablenkt. Ist es zu laut, muss man die Stimme erheben; ist es sehr leise, fühlt man sich möglicherweise zu befangen, um ein privates Gespräch zu führen.

Die Unterhaltung wird auch manchmal gestört, weil die Tische zu dicht stehen. Die Feng-Shui-Lehre besagt, dass sanfte Musik und das Plätschern von fließendem Wasser helfen, eine Mahlzeit zu genießen und sich dabei ungestört zu unterhalten.

BEDIENUNG UND SERVICE

Ob man sich in einem Lokal wohl fühlt und wie man auf die Umgebung reagiert, hängt stark von der Bedienung ab. Bei einem vergnüglichen Essen mit Freunden ist eine freundliche, lässige und gesprächige Bedienung wünschenswert, nicht aber bei einem Dinner für zwei, wenn man sich auf den anderen konzentrieren möchte. Silbernes Tischgerät eignet sich gut für formelle Anlässe, kann

FRÜHES ABENDESSEN

Vor einem Theaterbesuch oder einer anderen Abendveranstaltung mit Bekannten möchte man meist noch eine Kleinigkeit essen, etwa in einem lebhaften Bistro oder einem Bierlokal. Helles Licht, große Fenster und wenig Sitzpolster und Kissen beschleunigen den Fluss des Chi und begünstigen eine lebhafte, angeregte Stimmung bei den Gästen. Naturholz bietet Holzenergie, die Wachstum und schnelles Denken fördert und die Konzentration auf den bevorstehenden Abend steigern kann. Wenn die Tische gerade, in Reihen aufgestellt sind, tendiert man eher zu Wachsamkeit und Tatkraft.

MITTERNACHTSDINNER

Ein Restaurantbesuch nach einer Abendveranstaltung bietet eine gute Gelegenheit zu einem vertrauten Dinner für zwei. Die Nacht wird mit dem Wasserelement assoziiert, fördert Gefühlsbetontheit und Ruhe. Ein gemütliches Yin-Restaurant mit niedrigen Wänden verspricht einen geselligen Abend und gegenseitiges Verständnis. Gedämpfte Tischbeleuchtung oder Kerzen, bequeme Stühle und eine geschmackvolle Yin-Einrichtung wirken beruhigend und schaffen ein Ambiente, in dem man einander näher kommt. In einem Kellerlokal oder in Essnischen ist man etwas von den anderen Gästen abgeschirmt und findet leichter zu einem offenen, privaten Gespräch.

aber auf manchen zu streng wirken. Im Allgemeinen isst man bei einer Yang-Bedienung schneller; eine langsame Yin-Bedienung begünstigt ein entspanntes Essen.

STANDORT

Das Chi eines Restaurants wird stark von seinem Standort und seiner Umgebung beeinflusst. An einer viel befahrenen Hauptstraße fließt das Chi schnell. Es beschleunigt und verstärkt das Yang-Chi eines Lokals an solch einem Platz. Eine Straße, die auf ein Restaurant zuläuft, etwa an einer Abbiegung oder Gabelung, bietet schnelles, starkes Yang-Chi, das für gesunde Mahlzeiten nicht geeignet ist. Ähnliche Probleme können bei Restaurants in der Nähe von großen Straßenkreuzungen und von Kreisverkehr auftreten. Man sollte auch vorsichtig sein, wenn die Ecke eines großen Gebäudes auf das Lokal zeigt, in dem man speisen möchte, und so das Chi beschneidet.

Möchte man natürliches Chi spüren, mit der Natur verbunden sein und den Gedanken freien Lauf lassen, setzt man sich bei einem Restaurantbesuch nach draußen, für eine gemütliche Yin-Atmosphäre mit tieferen, persönlichen Gesprächen nach drinnen.

Nach den Prinzipien der Feng-Shui-Lehre ist ein Restaurant in der Stadt geschäftiger, lebendiger und hat mehr Yang als ein Landgasthaus mit Yin-Chi und gemächlichem, geruhsamen Tempo. Gibt es mehrere, konkurrierende Yang-Restaurants in einer Stadt, können die Preise trotz gleichbleibend guter Qualität sinken. Yin-Restaurants in einer wirtschaftlich weniger frequentierten Gegend warten dagegen oft mit neuen, fantasievollen Gerichten auf.

Die Lage eines Lokals an einem See oder Fluss kann Gesundheit und Wohlbefinden durch Wasserenergie fördern. Schnell fließendes Wasser bietet viel frisches Yang-Chi für neue Kraft. Stehende Gewässer hingegen haben eher beruhigendes Yin-Chi. Noch stärker spürt man die Wasserenergie in einem Boot-Restaurant. Strandrestaurants fangen die Stimmung der jeweiligen Tageszeit besonders gut ein, etwa die glühende Mittagssonne oder einen Sonnenuntergang.

Ein Restaurant im obersten Stockwerk eines hohen Gebäudes verstärkt das Gefühl von Unabhängigkeit und Objektivität. Es wird von vertikal fließender Energie geprägt, die dabei hilft, alles mit Distanz und aus anderem Blickwinkel zu betrachten. Hier bietet sich auch eine gute Gelegenheit, das Leben zu überdenken, Bilanz zu ziehen und Zukunftspläne zu schmieden. Restaurants in oberen Etagen sind daher für Silvesterpartys und Feiern von Jahrestagen und Geburtstagen ganz ideal.

Ein Kellerrestaurant bietet Sicherheit und beruhigendes Chi, wenn man unsicher ist oder Trost braucht. Langsam, horizontal fließendes Chi hilft die Gefühle zu ordnen und ihnen Ausdruck zu verleihen. Allerdings kann solches Chi auch stagnieren und lethargisch machen.

Beim Essen auf der Terrasse oder im Garten übernimmt man das Chi des Wetters (S. 126) und das Chi der freien Natur. Für Gruppen kann frei fließendes Chi den Nachteil haben, dass die einzelnen Gäste sich zerstreuen.

DEKORATION

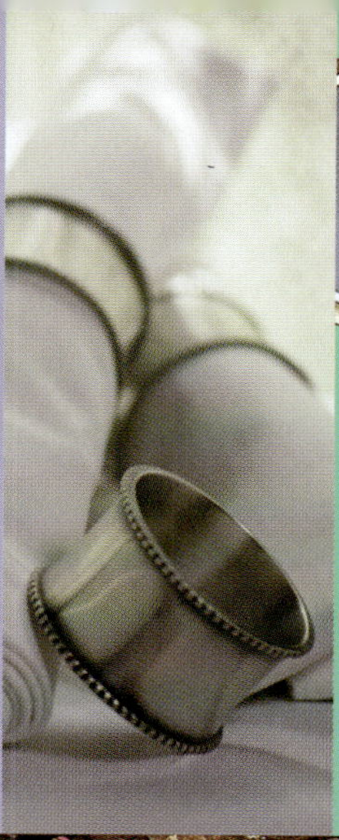

Die Tischdekoration hat großen Einfluss auf das Ambiente und das gewünschte Gleichgewicht von Yin und Yang. Dicke, weiche Servietten und Tischtücher in Pastelltönen verlangsamen den Fluss des Chi und sorgen für eine entspannende Yin-Atmosphäre. Papiertischtücher und -servietten erhöhen den Fluss des Yang-Chi, das auch dazu führt, dass die Gäste nicht zu lang bleiben.

FARBEN

Leuchtende Farben, etwa in einem Fastfood-Lokal, bieten reichlich schnell fließendes Chi, das zum Entspannen weniger geeignet ist. Klare, weiße Wände reflektieren das Yang-Chi. Yin-Farben wie Blassgelb, Rosa, Hellblau und Hellgrün geben einem Raum Ruhe. Matt glänzendes Schwarz bietet ebenfalls viel Yin, da es Licht absorbiert und einem Raum Chi entzieht. – Man fühlt sich gelassen und entspannt.

MATERIALIEN

Viele glatte, glänzende und harte Flächen wie Marmor, Stein und lackiertes Holz begünstigen den schnellen Fluss des Yang-Chi und regen zu lebhaften Diskussionen an.

Flächen aus weichem, grob strukturiertem Material, wie Teppiche, Läufer und Matten, tendieren zu Yin und halten das Chi. Man fühlt sich sicher und kann sich besser konzentrieren.

TISCHE

Ein Restaurant mit genau geplantem Interieur, etwa Tische in einer Reihe, bietet eine organisierte Yang-Atmosphäre. Die Bedienung geht auf klar abgesteckten Energiepfaden und kann die Gäste schnell bedienen. Tische in Yin-Anordnung stehen unregelmäßig; Gäste und Bedienung müssen um sie herumgehen.

BELEUCHTUNG

Für eine ruhige Yin-Atmosphäre ist ein Restaurant mit Tischbeleuchtung, besonders mit Kerzen, am besten geeignet. Direkte Halogenstrahler schaffen eine dynamischere Yang-Atmosphäre mit kraftvollem Chi, das sich auf das Essen übertragen kann. Weiße Decken reflektieren das ganze Lichtspektrum. Der Raum wirkt dann heller, tendiert mehr zu Yang, während Wände in sanften Farbtönen das Licht weniger reflektieren und Yin-Tendenz haben.

Das richtige Menü wählen

Letztlich hängt es von der Küche ab, ob ein Restaurant erfolgreich ist. Auch wenn Standort und Einrichtung hervorragend sind, ist es zum Scheitern verurteilt, wenn das Essen nicht schmeckt. Die Gerichte müssen nicht unbedingt kreativ und originell sein, doch hochwertige, frische Zutaten der Saison sind ein absolutes Muss. Ein guter Restaurantchef ist darauf bedacht, dass alle Zutaten nur von bester Qualität sind, weder Glutamat noch Zusatzstoffe enthalten und auch nicht gentechnisch verändert sind. Er verwendet deshalb weitgehend Produkte, deren Herkunft er kennt, oder aus eigenem Anbau.

Es gibt mittlerweile recht viele Restaurants, die ausgewogene Mahlzeiten anbieten und dafür Naturprodukte verwenden, deren Kombination oft neue, herrlich schmeckende Gerichte ergeben. In vielen Restaurants, deren Programm eine gesundheitsbewusste Ernährung ist, und insbesondere in der fernöstlichen Küche wird auf ein ausgewogenes Verhältnis von Yin und Yang geachtet. Wer mit der Natur „arbeitet", berücksichtigt die Jahreszeiten und verwendet Produkte der Saison. Frisches Gemüse oder Obst sollte die richtige Reife haben und schonend gegart werden, damit das saisonale Aroma erhalten bleibt. Im Frühling bieten sich Lamm, Frühlingsgemüse, Spargel, frische Kräuter sowie leichte, frische Mahlzeiten an. Reife Erdbeeren und Kirschen markieren den Sommeranfang, gefolgt von Erbsen, Tomaten und knackigen Salaten. Im Herbst gibt es Äpfel, Birnen, Pflaumen und Reineclauden, Brombeeren, Maiskolben und Wurzelgemüse zum Braten. Im Winter serviert man wärmende Suppen und Eintöpfe, Wild, Maronen, heiße Puddings, Nüsse und Trockenfrüchte. Der Blick nach draußen vermittelt meist auch ein Gefühl für die jeweilige Jahreszeit und trägt dazu bei, den Körper und unser Inneres mit der Natur in Einklang zu bringen.

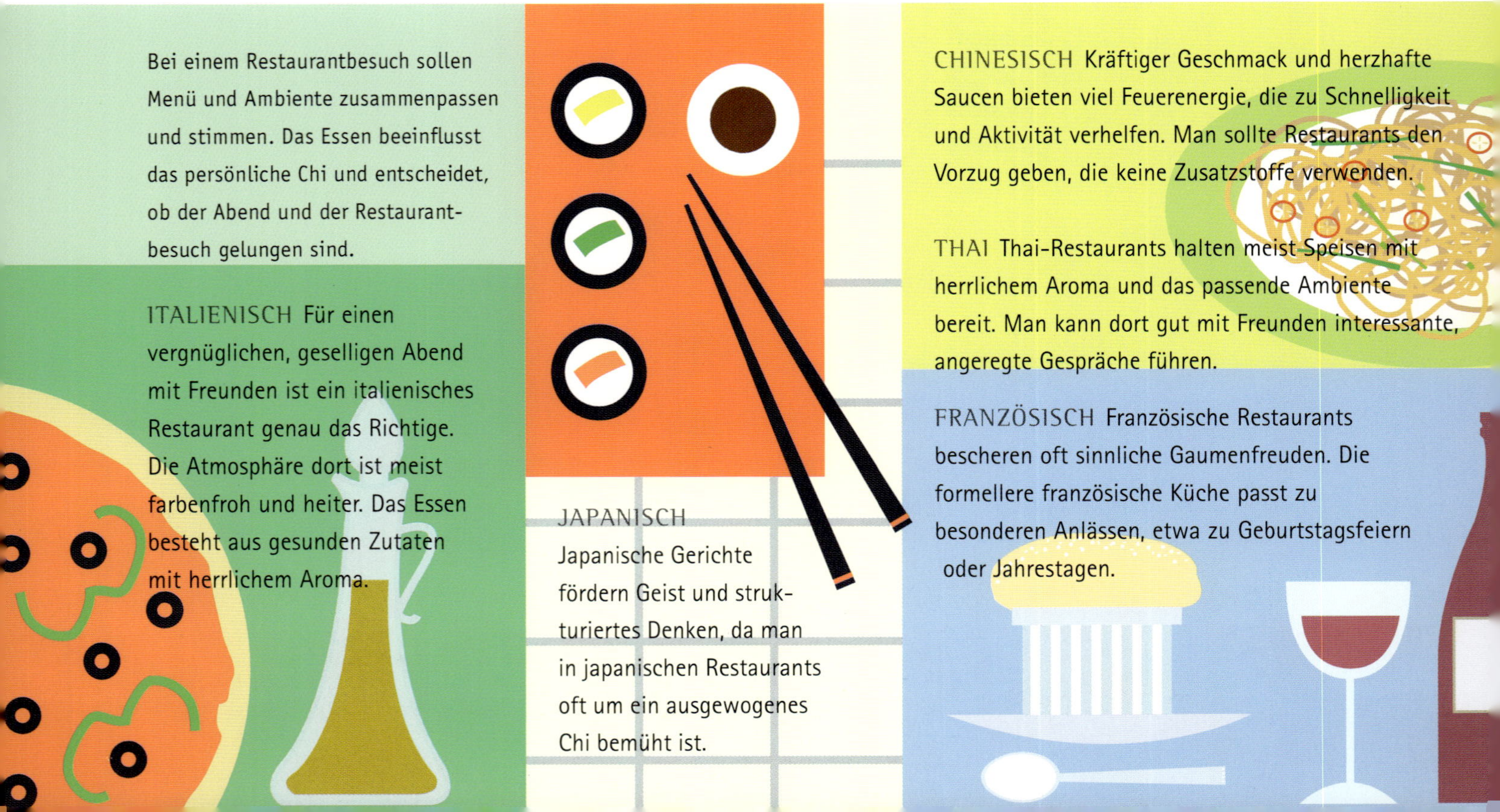

Bei einem Restaurantbesuch sollen Menü und Ambiente zusammenpassen und stimmen. Das Essen beeinflusst das persönliche Chi und entscheidet, ob der Abend und der Restaurantbesuch gelungen sind.

ITALIENISCH Für einen vergnüglichen, geselligen Abend mit Freunden ist ein italienisches Restaurant genau das Richtige. Die Atmosphäre dort ist meist farbenfroh und heiter. Das Essen besteht aus gesunden Zutaten mit herrlichem Aroma.

JAPANISCH Japanische Gerichte fördern Geist und strukturiertes Denken, da man in japanischen Restaurants oft um ein ausgewogenes Chi bemüht ist.

CHINESISCH Kräftiger Geschmack und herzhafte Saucen bieten viel Feuerenergie, die zu Schnelligkeit und Aktivität verhelfen. Man sollte Restaurants den Vorzug geben, die keine Zusatzstoffe verwenden.

THAI Thai-Restaurants halten meist Speisen mit herrlichem Aroma und das passende Ambiente bereit. Man kann dort gut mit Freunden interessante, angeregte Gespräche führen.

FRANZÖSISCH Französische Restaurants bescheren oft sinnliche Gaumenfreuden. Die formellere französische Küche passt zu besonderen Anlässen, etwa zu Geburtstagsfeiern oder Jahrestagen.

Die Speisekarte soll die Erwartungen der Besucher widerspiegeln und zu Einrichtung und Ambiente des Restaurants passen.

Die Speisekarte erlaubt einen Einblick, welche Art von Gästen das Restaurant anzieht und wie die Mahlzeit vonstatten geht.

Ein Lokal, das in einem großen Landhaus untergebracht ist und gern von Paaren besucht wird, sollte zarte, luxuriöse Gerichte anbieten, etwa gedämpften Steinbutt, Soufflé mit Seezunge oder pochiertem Wildlachs. Die Gäste erwarten ein angenehmes Ambiente und gutes Essen von gleichbleibend hoher Qualität. Bewährte, beliebte Gerichte verleihen jeder Mahlzeit eine elegante, doch dezente Note.

Ein Bistro, das häufig von jüngerem Publikum bevorzugt wird, setzt dagegen eher auf ausgefallene, deftige Gerichte wie Lendenfilets vom Grill, kurz gegarten Kalmar oder frittierte Garnelen mit würzigen Dips. Ein modernes Bistro-Restaurant kann so angelegt sein, dass die Gäste in die Küche blicken und dem Koch bei der Arbeit zusehen können. Von dort zieht der herrliche Duft brutzelnder oder flambierter Gerichte in den Gastraum.

INDISCH Die traditionelle indische Küche basiert auf rein vegetarischen Speisen. Auch heute bieten indische Restaurants eine große Auswahl gesunder, vegetarischer Gerichte mit herrlichem Aroma. Indisches Essen kann eine stimulierende Wirkung auf die Gefühle und Ausdrucksfähigkeit haben.

GRIECHISCH Griechische Restaurants haben oft eine herrliche, familiäre Atmosphäre und sind ganz besonders kinderfreundlich. Viele Gerichte kann man gemeinsam genießen; sie helfen, die Familie näher zu bringen.

MAKROBIOTISCH-VEGETARISCH Es gibt wohl kaum etwas Gesünderes als Mahlzeiten, die aus Bioprodukten schonend zubereitet werden. Als Basis dienen meist Getreideprodukte, Gemüse und Bohnen.

FISCH Die besten Fischrestaurants findet man an der Küste. Der Fisch ist dort ganz frisch und bietet viel kräftigendes, wärmendes Yang.

Anhang

Angesichts des immer größer werdenden Angebots an Nahrungsmitteln kann die moderne Küche leicht verwirrend und überwältigend wirken. Wer jedoch kreativ kochen möchte, sollte nicht vor neuen Ideen zurückschrecken. Auf den folgenden Seite werden einige weniger typische Produkte vorgestellt. Die meisten findet man in großen Supermärkten; andere muss man in Asialäden oder in einem Spezialgeschäft einkaufen.

Zitronengras ist aus der thailändischen Küche nicht wegzudenken. Es ergibt mit Kokosmilch, frischen Chillies und Koriander die typisch thailändische Geschmacksnote. Frisches Zitronengras hat ein besseres Aroma als getrocknetes. Man schneidet Zitronengras klein oder ritzt den Stängel ein, damit das Aroma sich entfalten kann.

Die Vanilleschote ist ursprünglich die Frucht einer Orchideenart aus dem tropischen Regenwald Südamerikas. Echte Vanille ist teuer, aber besser als künstliches Vanillin. Vanillemark verteilt sich beim Kochen in Saucen und Cremes, verleiht ihnen ein gutes Aroma und sieht interessant aus.

Safranfäden sind die Narben einer Krokusart. Sie haben ein zartes, den Geschmack intensivierendes Aroma. Safran ist recht teuer, aber vorzüglich in üppigen Saucen.

Asiatischer Rettich (Mooli oder Daikon) ist ein großes, weißes Wurzelgemüse mit scharfem, süßlichem Geschmack. Geraspelt verwendet man ihn für Salate oder im Wok, oder man legt ihn ein (S. 149). Er lässt sich durch heimischen Rettich ersetzen.

GESCHMACKSVERSTÄRKER

Chinesisches Fünf-Gewürze-Pulver und japanisches Sieben-Gewürze-Pulver

Fünf-Gewürze-Pulver besteht aus Anisblüten, Nelken, Fenchelsamen, Zimt und Szechuanpfeffer. Sieben-Gewürze-Pulver besteht aus Chillies, Senfpulver, Nori, Mohnsamen, Sansho, Sesamsamen und Mandarinenschale. Besonders als Gewürz zu Geflügel, Fisch und für vegetarische Gerichte geeignet!

Nori

Nori ist eine Seetangart mit süßlich-salzigem Geschmack. Man kauft ihn in Blättern zum Aufrollen von Sushi oder fein geschnitten zum Garnieren von Reis und Nudeln.

Hoisin-Sauce

Hoisin-Sauce wird aus pürierten Sojabohnen, Zitronensaft, Knoblauch, Gewürz und Essig hergestellt und in vielen Supermärkten gebrauchsfertig angeboten.

Garam Masala

Garam Masala („scharfe Gewürze") ist eine Gewürzmischung, die man selbst herstellen kann. Für fünf Esslöffel die folgenden Zutaten zusammen mahlen:

3 EL Kardamomsamen
3 Zimtstangen (2,5 cm lang)
1 $^1/_2$ TL Kreuzkümmelsamen
$^1/_2$ EL schwarze Pfefferkörner
$^1/_2$ TL Nelken
$^1/_2$ Muskatnuss

Wasabi

Frische Wasabiwurzel ist bei uns nicht überall erhältlich, bekannter sind Wasabi-Pulver und Wasabi-Paste. Wasabi-Paste besteht aus püriertem und grün gefärbtem japanischem Meerrettich und passt gut zu Sushi und Speisen im Backteig.

Mirin

Japanischer Reiswein gibt Saucen und Suppen ein feines, süßliches Aroma.

Thai-Fischsauce

Wird aus Fisch und Fischbrühe hergestellt, ist sehr pikant und kräftig im Geschmack und wird ähnlich wie Shoyusauce verwendet (S. 14).

GARNIERUNGEN UND EINGELEGTES

Knusprig frittiertes Gemüse und Blattkräuter

Diese Garnierung verleiht vielen Gerichten extra Geschmack und Farbe. Sie kann aus Gemüse wie Karotten, Lauch, Rote Bete, Knollensellerie oder Rüben und Kräutern wie Basilikum, Koriander, Salbei, Thymian und Rosmarin bestehen. Dafür Gemüse fein schneiden (etwa ein Esslöffel pro Portion), Kräuterzweige oder Kräuterblätter aufteilen. Pflanzenöl auf 175 °C erhitzen und das klein geschnittene Gemüse 30 Sekunden leicht andünsten, Kräuter etwa 5 Sekunden, dann herausnehmen und abtropfen lassen. Noch heiß mit Salz, Pfeffer und Ingwerpulver würzen, damit der Geschmack einziehen kann.

Eingelegte Jalapeños

Mäßig scharfe Chillies, ursprünglich aus Jalapeño in Mexiko. 100 ml Weißwein, 100 ml Weißweinessig und 50 g Honig aufkochen, zwei Knoblauchzehen zugeben. Abkühlen lassen, acht Jalapeños zugeben und 48 Stunden luftdicht verschlossen aufbewahren. Die Jalapeños sind gekühlt etwa acht Wochen haltbar.

Eingelegtes Gemüse

Fast jedes Gemüse eignet sich zum Einlegen, insbesondere Karotten, Lauch, Rettich und Pilze. 100 ml Weinessig mit 100 ml Weißwein und einem Esslöffel Reissirup mischen. Etwa 500 g Gemüse in die gewünschte Größe und Form schneiden und mit der Brühe in einen Topf geben, bei mittlerer Hitze aufkochen, dann vom Herd nehmen, abseihen und kühl stellen.

Klare Gemüsebrühe

Eine gute Gemüsebrühe mit frischem Kräuteraroma verfeinert Saucen und Geschmortes. Sie ist luftdicht verschlossen im Kühlschrank vier Tage haltbar. Zum Einfrieren muss sie zuvor abgeseiht werden. Für $1\,{}^{3}/_{4}$ Liter Brühe:

2 Zwiebeln, grob gehackt
1 Stange Lauch, grob geschnitten
3 Stangen Bleichsellerie, grob geschnitten
2 Karotten, grob geschnitten
2 unbehandelte Zitronen, in Scheiben
1 Knoblauchzehe, quer halbiert
2 Blüten Sternanis
6 ganze schwarze Pfefferkörner
$1\,{}^{1}/_{2}$ l kaltes Wasser
2 EL Koriandergrün
1 EL frischer Thymian
250 ml trockener Weißwein
Salz und frisch gemahlener schwarzer Pfeffer

Gemüse, Zitrone und Knoblauch mit Sternanis und Pfefferkörnern bei mittlerer Hitze erwärmen. Wasser zugeben und alles aufkochen, dann Koriandergrün, Thymian und Wein zugeben. Vom Herd nehmen und abkühlen lassen. Gut verschlossen im Kühlschrank aufbewahren. Vor Gebrauch durch ein feinmaschiges Sieb gießen und abschmecken.

Misobrühe

Ein Esslöffel Gemüse mit einem 5 cm langen Kombu-Streifen oder Wakame-Seetang (aus dem Reformhaus) in einem Liter Wasser 20 Minuten schwach kochen, dann vom Herd nehmen und drei Teelöffel Miso-Bohnen-Paste (aus dem Reformhaus) einrühren.

Fischbrühe

Gute Fischbrühe ist sehr aromatisch, wenn man die Kochzeit minimiert. Für etwa einen Liter Fischbrühe:

${}^{1}/_{2}$ EL Traubenkernöl
1 Zwiebel, grob gehackt
1 Stange Lauch, grob geschnitten
4 Stangen Bleichsellerie, grob geschnitten
1 Knoblauchzehe, quer halbiert
1 kleine Fenchelknolle, gewürfelt
250 g Fischkarkasse oder -reste, zerkleinert
750 ml trockener Weißwein
$1\,{}^{1}/_{2}$ l Wasser
Salz und weißer Pfeffer
2 TL Kräuter, gehackt

Öl bei schwacher Hitze in einem großen Topf erwärmen und Gemüse 5 Minuten darin dünsten. Fischkarkasse oder -reste zugeben, alles gut umrühren. Wein und so viel Wasser zugeben, dass die Zutaten bedeckt sind. Bei mittlerer Hitze aufkochen, dann die Hitze reduzieren und die Brühe 25 Minuten leicht weiter kochen. Öl und Schaum ab und zu abschöpfen.

Die Brühe vom Herd nehmen und durch ein dünnes Baumwolltuch oder ein feinmaschiges Sieb in einen sauberen Topf abgießen. Bei mittlerer Hitze wieder erwärmen und kochen, bis die Brühe zur Hälfte reduziert ist und der Geschmack sich intensiviert hat, dann würzen und gehackte Kräuter zugeben.

Zum Schluss zwei bis drei Esslöffel Sahne einrühren oder Suppe etwas abkühlen lassen und zwei bis drei Esslöffel Crème fraîche oder Naturjoghurt zugeben.

Hühner- oder Wildbrühe

Für etwa einen Liter Brühe:

3 kg Hühner- oder Wildknochen, zerkleinert
60 g Honig
1 EL Traubenkernöl
4 Karotten, geschält, in Scheiben
2 Zwiebeln, halbiert
4 Stangen Bleichsellerie, klein geschnitten
1 Knoblauchzehe, quer halbiert
1 Stange Lauch, gewürfelt
500 g reife Tomaten, grob gewürfelt
$1\,{}^{1}/_{2}$ l Wasser
1 l Rotwein
1 EL frischer Thymian
1 Lorbeerblatt
6 ganze Pfefferkörner
Salz und frisch gemahlener schwarzer Pfeffer

Backofen auf 230 °C vorheizen. Die Knochen mit Honig bestreichen, auf ein großes Backbleck legen und 30–40 Minuten goldbraun rösten, gelegentlich wenden. In einem großen Topf Öl bei schwacher Hitze erwärmen und das Gemüse darin 5 Minuten leicht dünsten. Tomaten zugeben und Gemüse mit Wasser bedecken. Alles bei mittlerer Hitze zum Kochen bringen, dann die gerösteten Knochen zugeben. Den Schaum ab und zu abschöpfen. Die Brühe bei schwacher Hitze um die Hälfte reduzieren (dauert mehrere Stunden).

Die Brühe durch ein dünnes Baumwolltuch oder feinmaschiges Sieb in einen sauberen Topf abgießen, bei starker Hitze wieder erwärmen, dann Rotwein zugeben und das Ganze nochmals um die Hälfte reduzieren. Kräuter und Gewürze zugeben. Brühe in einen sauberen Behälter füllen und über Nacht, mindestens aber 6 Stunden, ruhen lassen.

Nach dem Erkalten Fett von der Oberfläche schöpfen. Die Brühe hält sich luftdicht verschlossen im Kühlschrank vier Tage und im Gefrierschrank sechs Monate.

Hummercreme

Diese leichte, cremige Sauce wird aus den Schalenkörpern von Hummer, Garnelen oder Krebsen zubereitet. Für etwa einen Liter Sauce:

3 Hummerkarkassen oder 400 g Hummerschalen
$^{1}/_{2}$ EL Traubenkernöl
2 Stangen Lauch, grob gewürfelt
2 Karotten, grob gewürfelt
4 Stangen Bleichsellerie, grob gewürfelt
1 mittelgroße Zwiebel, in Ringen
8 Tomaten, geviertelt
$^{1}/_{2}$ Knoblauchzehe, quer halbiert
1 EL frischer Estragon
1 EL frisches Basilikum
1 $^{1}/_{2}$ l Fischbrühe oder Wasser
$^{1}/_{2}$ l trockener Weißwein
150 g Sahne (nach Belieben)
Salz und frisch gemahlener schwarzer Pfeffer

Hummerschalen im vorgeheizten Backofen bei 230 °C 30–45 Minuten knusprig rösten. Öl in einem großen Topf bei schwacher Hitze erwärmen, dann Gemüse und Tomaten 5 Minuten darin dünsten. Kräuter und so viel Wasser zugeben, dass alles bedeckt ist, aufkochen, dann die Hitze reduzieren und 5 Minuten leicht weiter kochen. Hummerschalen und Weißwein zugeben, die Zutaten mit Wasser oder Fischbrühe bedecken. Alles aufkochen, dann Hitze reduzieren und 1–1 $^{1}/_{2}$ Stunden leicht weiter kochen. Das Ganze durch ein feinmaschiges Sieb in einen sauberen Topf abgießen und Brühe bei starker Hitze um die Hälfte reduzieren, nach Belieben Sahne unterrühren. Nochmals reduzieren, bis die Masse an einem Löffel hängen bleibt, abschmecken und servieren.

Brunnenkressenpaste

Besonders gut zum Verfeinern von Suppen. Für Aroma und Farbe kurz vor dem Servieren etwas Brunnenkressepaste in die heiße Suppe oder Sauce geben und gut verrühren. Für 40 Gramm Paste:

2–3 Bund Brunnenkresse
1 TL Wasser
Salz und frisch gemahlener schwarzer Pfeffer

Brunnenkresse 10 Sekunden in siedendem Wasser blanchieren, dann unter kaltem Wasser abschrecken. Mit etwas Wasser in der Küchenmaschine pürieren, bis eine dicke Paste entsteht, würzen und abgedeckt im Kühlschrank aufbewahren.

Feurige Salsa

Diese scharfe, doch süßliche Chilisauce schmeckt zu fast allen Gerichten. Die vorgeschlagene Variante ist aber geschmacklich dezenter als die Salsa ihres Erfinders, des Chefkochs Dean Fearing aus Dallas, Texas. Für etwa 400 ml Salsa:

1 EL Sesamöl
4 rote Paprika, entkernt und gewürfelt
2 Zwiebeln, gehackt
4 Knoblauchzehen, geschält und gehackt
4 rote Chillies, entkernt und gehackt
1 Mango, geschält, ohne Stein
4 reife Tomaten, geviertelt
1 EL frischer Ingwer, gerieben
100 ml Reisessig
250 ml frischer Orangensaft
150 ml trockener Weißwein
Salz und frisch gemahlener schwarzer Pfeffer
Koriandergrün

Öl in einem großen Topf bei schwacher Hitze erwärmen und Paprika, Zwiebeln, Knoblauch und Chillies darin 5 Minuten dünsten. Mango, Tomaten, Ingwer und Essig zugeben, umrühren. Orangensaft und Wein zufügen und alles zum Kochen bringen, Hitze verringern und 30–35

Minuten schwach kochen. In der Küchenmaschine pürieren und durch ein Sieb streichen.

Die Salsa würzen. Sind die Tomaten nicht sehr reif, gegebenenfalls einen Esslöffel Honig zugeben.

Abschmecken und frischen Koriander zugeben.

Ofengetrocknete Tomaten und Tomatenpaste

Tomaten kann man im Backofen oder bei viel Sonne im Freien trocknen. Für frische Tomatenpaste werden getrocknete Tomaten püriert. Die Paste gut verschlossen im Kühlschrank aufbewahren.

12 reife Rispentomaten
100 g Meer- oder Steinsalz
4 Knoblauchzehen, geschält und zerdrückt
1 Thymianzweig
Olivenöl zum Einlegen

Backofen auf 140 °C vorheizen. Die Tomaten halbieren oder vierteln. Salz, Knoblauch und Thymian auf einem Backblech verteilen, dann Tomaten darauf legen und 1–1 $^1/_2$ Stunden in den Backofen geben. Die Tomaten sollen trocken, leicht zäh und dunkelrot sein. Überschüssiges Salz mit einem Pinsel entfernen. Die getrockneten Tomaten luftdicht verschlossen in Olivenöl aufbewahren.

Orangen- und Tomatencoulis

Diese herbe, leicht scharfe Sauce verleiht dem Essen ein frisches Aroma und zusätzliche Farbe. Sie passt gut zu Fleisch und Meeresfrüchten und schmeckt besonders gut zu Huhn. Coulis hält sich luftdicht verschlossen im Kühlschrank bis zu vier Tage.

Für 400–500 ml Sauce, ausreichend für vier Hauptgerichte; die Menge kann nach Bedarf variiert werden.

1 EL Olivenöl
2 Schalotten, geschält und gehackt
3 Knoblauchzehen, geschält und zerdrückt
150 ml Weißwein
2 kg Tomaten, geviertelt
3 Orangen, geschält und gewürfelt
2 Chillies, entkernt und fein geschnitten
Salz und frisch gemahlener schwarzer Pfeffer

Öl in einem großen Topf bei schwacher Hitze erwärmen, Schalotten und Knoblauch darin 2 Minuten andünsten. Wein, Tomaten, Orangen und Chillies zugeben und alles zum Kochen bringen. Hitze reduzieren und bedeckt 30 Minuten weiter kochen, dann vom Herd nehmen und im Mixer pürieren. Durch ein feinmaschiges Sieb streichen, würzen und in eine Sauciere füllen.

Vanillesauce nach Großmutters Art

Für vier Personen, 500 ml:

6 Eigelbe
100 g extrafeiner Zucker
1 Vanilleschote
250 g Sahne

250 ml Milch
1 EL Maismehl
1 TL kaltes Wasser

Eigelbe mit Zucker in einer großen Schüssel cremig schlagen. Die Vanilleschote halbieren und mit Sahne und Milch langsam zum Kochen bringen, dann zu der Eigelbmasse geben und alles gut verrühren. In einer kleinen Schüssel Maismehl mit kaltem Wasser mischen, unter die Vanillesauce ziehen und gut verrühren. Bei schwacher Hitze unter Rühren nochmals erwärmen, bis die Vanillesauce dick und cremig ist.

Zuckersirup

Zuckersirup dient zum Garziehen von Obst oder Verdünnen von Coulis oder als Basis für Soufflé. Für etwa 300 ml Sirup:

75 g Rohzucker oder 1 EL Maissirup
300 ml Wasser
1 Vanilleschote
1 Zimtstange
1 Rosmarinzweig
Schale von 1 unbehandelten Zitrone, in großen Stücken
Frischer Ingwer (etwa 2 $^1/_2$ cm), geschält und fein geschnitten
2 Blüten Sternanis

Zucker oder Sirup mit Wasser bei mittlerer Hitze aufkochen, dann jeweils ein oder zwei Gewürze zugeben, nicht alle auf einmal, etwa Zitrone und Rosmarin oder Zimt und Vanille. 3–5 Minuten schwach kochen, dann Früchte zum Pochieren zugeben. Oder Sirup zum späteren Gebrauch abkühlen lassen und luftdicht verschlossen bis zu acht Tage im Kühlschrank aufbewahren. Zum Einfrieren feste Gewürzstückchen zuvor entfernen.

ÖLE UND SALATSAUCEN

Aromatisierte Öle und Salatsaucen verleihen dem Essen zusätzlich Farbe und Geschmack. Man kann sie leicht selbst herstellen und in Flaschen mit Schraubverschluss bis zu einer Woche aufbewahren. Danach wird die Farbe blasser, doch der Geschmack bleibt bis zu zwei Monate erhalten.

Koriander- oder Basilikumöl

In gleicher Weise lassen sich Kräuteröle mit Estragon, Dill oder Minze herstellen.

1 großes Bund (etwa 200 g) Koriandergrün oder Basilikum, mit Stielen
300 ml leichtes Olivenöl oder Traubenkernöl
Salz und frisch gemahlener schwarzer Pfeffer

Kräuter waschen, 5 Sekunden in siedendem Wasser blanchieren, dann unter kaltem Wasser abschrecken, gut ausdrücken und im Mixer pürieren. Dabei das Olivenöl in zwei Portionen zugeben. Nochmals mindestens 2 Minuten pürieren, damit alle Farb- und Aromastoffe sich entwickeln.

Die Masse in ein mit dünnem Baumwolltuch ausgelegtes Sieb gießen und die Flüssigkeit in eine Schüssel pressen, würzen und in Flaschen abfüllen.

Rotes Pimentöl

3 rote Paprika
2 Knoblauchzehen, geschält
750 ml leichtes Olivenöl
Etwas frisch gepresster Zitronensaft

Backofen auf 200 °C vorheizen. Paprika halbieren und entkernen. Die Paprikahälften mit den Knoblauchzehen in einen Schmortopf geben, mit Öl übergießen und 30 Minuten in den Backofen geben. Paprika und Knoblauch in der Küchenmaschine oder im Mixer pürieren, dann durch ein feinmaschiges Sieb in eine saubere Schüssel streichen und abkühlen lassen. Nach dem Abkühlen mit einem Spritzer Zitronensaft mischen; kräftig rühren, damit das Öl nicht ausflockt.

Zitronenöl

Schmeckt auch mit Limetten gut!

300 ml leichtes Olivenöl
Schale und Saft von 6 unbehandelten Zitronen
Salz und frisch gemahlener schwarzer Pfeffer

Alle Zutaten in der Küchenmaschine 2–3 Minuten pürieren. Mit einem Trichter in Flaschen abfüllen und möglichst 24 Stunden ziehen lassen, dann in ein mit dünnem Baumwolltuch ausgelegtes Sieb gießen, um die Zitronenschale zu entfernen. Das Öl würzen und vor Gebrauch gut schütteln.

Knoblauchöl

2 Knoblauchknollen, ungeschält
1 Thymianzweig
100 ml Olivenöl
300 ml Traubenkernöl
Meersalz

Backofen auf 200 °C vorheizen. Die Knoblauchzehen aus der Knolle lösen, nicht schälen. Mit dem Thymian auf Alufolie legen, zwei Esslöffel Olivenöl darüber geben, dann Alufolie zusammen-

falten und das Ganze 45 Minuten in den Backofen geben, bis der Knoblauch weich ist. Abkühlen lassen. Die Knoblauchzehen ausdrücken und in der Küchenmaschine oder im Mixer mit dem restlichen Öl 3–4 Minuten pürieren. Eine Stunde ziehen lassen, dann würzen, durch ein mit Baumwolltuch ausgelegtes Sieb gießen und kühl stellen.

Meerrettichöl

Dieses aromatische und pikante Öl schmeckt gut zu Gemüse und Salat. Möglichst frischen Meerrettich verwenden, ersatzweise pürierten Meerrettich aus dem Glas.

200 g Meerrettich, frisch gerieben
200 ml Traubenkernöl
1 EL Reisessig
Salz und frisch gemahlener schwarzer Pfeffer

Meerrettich und Öl 2–3 Minuten in der Küchenmaschine pürieren, dann Essig zugeben und würzen. Durch ein feinmaschiges Sieb gießen, in Flaschen abfüllen und einige Stunden gekühlt ziehen lassen.

BROT

Brot lässt sich durch die Beigabe von ofengetrockneten Tomaten, Oliven, Walnüssen, Sonnenblumenkernen, Rosinen oder Kräutern wie Koriander, Thymian, Rosmarin und Basilikum kreativ variieren. Der Teig wird je nach den gewählten Zutaten schwerer oder lockerer – wenn nötig, Mehl oder Wasser zugeben.

Knuspriges Bauernweißbrot

Für einen großen Laib Brot oder 15–20 Brötchen

800 g Hartweizenmehl
1 gehäufter TL Trockenhefe
1 EL Salz
1 TL unraffinierter Zucker oder Rohrzucker
500 ml warmes Wasser

Eine runde Brotform für 900 g Teig ausfetten. Backofen auf 230 °C vorheizen. Mehl in eine Schüssel sieben, Hefe, Salz und Zucker zugeben, eine Mulde in das Mehl drücken und Wasser einfüllen. Alles mit einem Holzlöffel mischen, dann den Teig elastisch kneten. In einer mit Klarsichtfolie bedeckten Schüssel 1 ¹/₂–2 Stunden an einem warmen Ort gehen lassen, bis sich das Volumen verdoppelt hat. Den Teig nochmals gut durchkneten, um Luftblasen zu entfernen, dann in die gefettete Form füllen, mit Weißmehl bestäuben und nochmals eine halbe Stunde gehen lassen.

Das Brot im vorgeheizten Backofen 30–40 Minuten backen (Brötchen 10–15 Minuten). Nach der Backzeit das Brot auf ein

sauberes Tuch stülpen und auf die Unterseite klopfen – klingt es hohl, ist das Brot fertig. Auf einem Rost abkühlen lassen, mit etwas Mehl bestäuben.

Englisches Vollkornbrot

600 g Vollkornmehl (Zimmertemperatur)
2 TL Salz
2 TL Trockenhefe
400 ml warmes Wasser

Eine Brotform für 900 g Teig ausfetten. Backofen auf 230 °C vorheizen. Mehl in eine Schüssel sieben, Hefe und Salz zugeben, eine Mulde in das Mehl drücken und Wasser einfüllen. Alles mit einem Holzlöffel mischen. Den Teig auf der Arbeitsfläche kneten und auseinander ziehen. In die gefettete Brotform füllen und mit einem feuchten Tuch bedeckt an einem warmen Ort 45–60 Minuten gehen lassen.

Wenn der Teig bis zur Oberkante der Form aufgegangen ist, im vorgeheizten Backofen etwa 45 Minuten backen, dann auf ein sauberes Tuch stülpen und auf die Unterseite klopfen – klingt es hohl, ist das Brot fertig. Auf einem Rost abkühlen lassen. Nach Belieben im heißen Backofen bei 200 °C nochmals 5 Minuten knusprig aufbacken, dann mit Mehl bestäuben.

Brioche

Dieses beliebte Brot aus Frankreich enthält Butter und Eier und schmeckt ähnlich wie Hefekuchen. Brioche wird traditionell zum Frühstück oder als Imbiss am Nachmittag gegessen. Brioche lässt sich gut einfrieren.

500 g weißes Hartweizenmehl
1 gehäufter TL Trockenhefe
1 gehäufter EL Rohzucker
250 g Butter
100 ml warmes Wasser
6 Eier, verquirlt
1 TL Salz

Backofen auf 180 °C vorheizen. Eine Briocheform für 900 g Teig oder zwei kleinere Formen ausfetten.

Mehl in eine Schüssel sieben, Hefe und Zucker zugeben. Die Butter schaumig rühren, mit Wasser, Ei (etwas davon zum Bestreichen reservieren) und Salz unter das Mehl mischen. Die Masse kräftig kneten; sie soll nicht zu sehr kleben.

Den Teig in einer mit Klarsichtfolie bedeckten Schüssel 45–60 Minuten gehen lassen, bis sich das Volumen verdoppelt hat, dann gut durchkneten, um Luftblasen zu entfernen. Den Teig in die gewünschte Anzahl Brote aufteilen, jeweils kurz durchkneten und etwa ein Viertel des Teigs für den runden Aufsatz abtrennen.

Das größere Teigstück zu einer Kugel formen und mit der Nahtstelle nach unten in die Form legen. Mit einem bemehlten Finger eine Mulde in den Teig drücken und das kleinere Teigstück „tränenförmig“ mit dem spitzen Ende in die Mulde stecken, gut andrücken. An einem warmen Ort gehen lassen, bis der Teig den oberen Rand der Form erreicht.

Mit dem restlichen Ei bestreichen und etwa 30 Minuten goldbraun backen, dann auf ein sauberes Tuch stülpen und auf die Unterseite klopfen. – Klingt es hohl, ist die Brioche fertig.

Griechisches Pitabrot

Griechisches Pitabrot ist sehr beliebt. Es hat „Taschen“, die man gut mit Gemüse und Dip füllen kann.

750 g weißes Hartweizenmehl
2 TL Salz
1 TL Trockenhefe
400 ml warmes Wasser
1 EL Olivenöl

Mehl in eine Schüssel sieben, Salz und Hefe zugeben, dann nach und nach das Wasser einarbeiten, bis ein weicher Teig entsteht. Leichter geht das in der Küchenmaschine.

Den Teig in zwölf gleich große Stücke teilen. Jedes Stück durchkneten, zu einer Kugel formen, dann flach drücken. Die Fladen auf ein mit etwas Olivenöl beträufeltes warmes Backblech legen und gehen lassen, währenddessen Grill bei mittlerer Hitze vorheizen. Die Fladen mit kaltem Wasser beträufeln, dann schnell, nicht zu lange grillen, damit sie aufgehen und leicht braun werden. Wenden und auf der anderen Seite bräunen, dann sofort servieren.

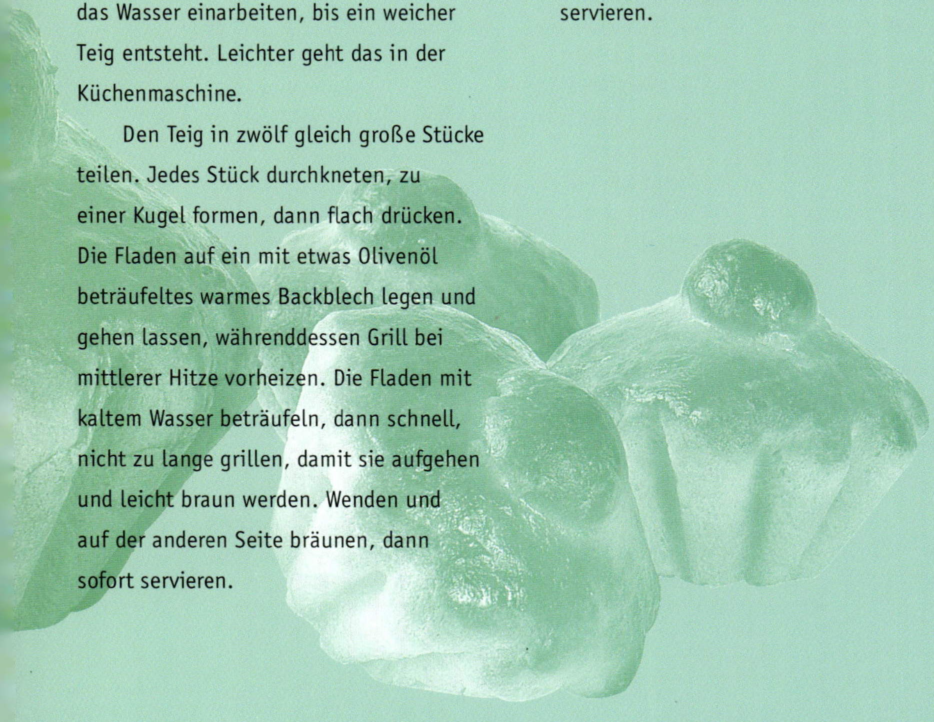

Frittiertes indisches Brot

Indisches Brot schmeckt vorzüglich zu asiatischen Gerichten. Nach Belieben zerdrückten Knoblauch oder Koriandersamen zugeben.

250 g dunkles Weizenmehl
$^{1}/_{2}$ TL Salz
2 EL leichtes Olivenöl
100 ml warmes Wasser
Pflanzenöl zum Frittieren

Mehl und Salz in eine große Schüssel sieben, Öl und Wasser zugeben und alles zu einem festen Teig verarbeiten. Den Teig auf einer bemehlten Fläche geschmeidig und glatt kneten. 15–20 Kugeln daraus formen und mit der Kuchenrolle auf einer gefetteten Fläche 12 cm lange Stücke ausrollen.

Pflanzenöl in einem großen Topf oder der Fritteuse auf 175 °C erhitzen. Je vier Teigstücke auf einmal frittieren, ab und zu wenden und mit einem Schaumlöffel nach unten drücken. Die Brote von jeder Seite etwa 4 Minuten frittieren, bis sie hellbraun und locker sind, dann abtropfen lassen und heiß servieren.

Backofentemperaturen

Ober- und Unterhitze	Umluft	Gas Stufe
110 °C	90 °C	$^{1}/_{4}$
130 °C	110 °C	$^{1}/_{2}$
140 °C	120 °C	1
150 °C	130 °C	2
170 °C	150 °C	3
180 °C	160 °C	4
190 °C	170 °C	5
200 °C	180 °C	6
220 °C	200 °C	7
230 °C	210 °C	8
240 °C	220 °C	9

Register

A

Ahornsirup 59, 61, 109
Alkohol 14, 68, 111
  und Partys 132
Äpfel 8, 9, 146
Aprikosen, getrocknet 62
Aquarium 19, 83
Auberginen 121, 131

B

Backen, Gebackenes 14, 18, 33, 92
Backteig 68, 71, 77
Bagel 127
Ballons 132
Bananen 104, 109
Bedienung 143
Begeisterung **110–115**
Beleuchtung 15
  bunte Lichter 137
  Halogen-strahler 111, 145
  in der Küche 23
  Kerzen 69, 105, 111, 137, 145
  Neonlicht 25
  in Restaurants 145
Berge 126
Beziehungen 116, 134
Bioprodukte 26
Birnen 59, 146
Blanchieren 14, 18
Blumen 66, 111, 132
  Chrysanthemen 118
  Distel 111
  Iris 81
  Klematis 111
  Maiglöckchen 81
  Narzissen 118
  Nelken 70
  Rosen 70, 75
  Sonnenblumen 118
  Schwertlilie 111
Blumenkohl 52
Bohnen 13, 57
  grüne 102
  rote 57
  schwarze 45
Braten 18
  unter Rühren 18
Brokkoli 52
Brot 13, 116, 119, 127, 154–155
Brühen
  und Saucen 150
Brunnenkresse 31, 56
Bruschetta 121
Buffet 133, 135

C

Cassoulet 57
Chi **8–9**
  in der Küche 22
Chinagewürz s. Fünf-Gewürze-Pulver
Chinarestaurant 141
Chips, selbst gemacht 133
Cocktail 86
Cointreau 85
Couscous 46, 56, 80, 119

D

Dampfdruckgaren 14, 18
Decken 141, 142
Dekoration 15, 66, 145
Dips
  Chili-Dip 77
  grüne Chilisauce 133
  würziger Shoyu-Dip 77
Dünsten 18

E

Edelstahl 25
Eheschließung 134
Einrichtung 9
  in Restaurants 145
Eintopf 49, 74
Einweihungsparty **128–129**
Elektrische Geräte 25
Eltern und Kinder 106
Emaille 25
Entspannung **80–85**
Erbsen 54, 146
Erdbeeren 58, 146
Ernährung 26
  und die fünf Elemente 18
  und Yin und Yang 11
Essbereich **66-67**
  und die acht Richtungen 67
  und die fünf Elemente 16
Essig 14

F

Familie **92–97**, 116, 134
Farben 14, 67
  im Essbereich 66
  in der Küche 23
  im Restaurant 145
  und die fünf Elemente 16
  und die acht Richtungen 67
  und Yin und Yang 14
Fastfood 142
Fenchel 55, 131
Feste im Freien 131
Festliche Anlässe **68–73**
Festzelt 134
Fette und Öle in der Feng-Shui-Lehre 27
Feuerelement 16, 18, 23, 68, 86, 89, 110, 111, 130
Feuerwerk 132
Fingerfood 133
Fisch 8, 13, 27, 130, 131, 137, 147
  Anchovis 121
  Forelle 131
  Kabeljau 42, 96
  Lachs 37, 41, 43, 68, 72, 131, 137
  Marlin 102
  Sardinen 117
  Schellfisch 31
  Seezunge 72
  Thunfisch 39, 68, 69, 71, 89, 102
Flambieren 99
Fleisch 8, 13, 27, 131
Fluss 126
Flüssigkeiten 13
Französisches Restaurant 146
Frittieren 14
Freunde, Freundschaft 128, 134, 141
Frühstück 142
Fünf Elemente **16–19**
  und die Küche 22
  und die acht Richtungen 20
Fünf-Gewürze-Pulver 149

G

Garmethoden 14, 18
Garten 134, 142, 144
Gebäude 9
Geburtstage 124, 144
Geflügel 44
  Huhn 8, 13, 46
  Ente 45
  Taube 44
Gefühle 11, 12, 16
Gelber Gartenkürbis 42
Gemüse 13, 52
  eingelegt 49, 149
  frittiert 149
  gegrillt 131
  geschmort 80
  aus dem Wok 111, 115

Gemüsegitter 72
Gentechnisch veränderte
Lebensmittel 146
Geräuschkulisse 143
Gerste 57, 96
Geschäftsessen 68, 141
Geschirr 66
Geschmacksverstärker
14, 149
Gesundheit 12, 26–27
und die Küche 22
Getreide 27
Gewürze 26, 149
Glas 25
Glühwein 129
Griechischer Salat 120
Griechisches Restaurant 147
Grillfest **130–131**
Brennstoff 130
Gurke 38
Gusseiserne Utensilien 25

H

Harmonie in der Familie
92–97
Heidelbeeren 58
Herd 24, 25
Himbeeren 58, 85
Historische Gebäude 140
Hochstuhl 106
Hochzeit **134–135**
Hochzeitsbuffet 135
Hoisin-Sauce 45, 49, 149
Holzelement 16, 18, 34, 68,
86, 92, 105, 110
Holzkohle, Holzkohlengrill,
Grillen mit Holzkohle 130
Holzmöbel 105, 107
Horizontal fließendes Chi 126
Huhn 8, 13, 46

I

Indisches Restaurant 147
Inneneinrichtung 9
und die acht Richtungen
20–21
und die fünf Elemente 19
Italienisches Restaurant 146

J

Jahrestage 68, 141, 144
Jahreszeiten 16, 146
Jalapeños 78
eingelegt 149
Japangewürz s. Sieben-
Gewürze-Pulver
Japanisches Restaurant
142, 146
Joghurt 13, 56, 85

K

Kaffee 99, 111
Karotten 52, 55, 80, 85
Kartoffeln 47
Käse 13
Dolcelatte 133
Feta 120
Hartkäse 13
Parmesan 35, 48
Weichkäse 13
Ziegenkäse 50
Kellerrestaurant 144
Keramik in der Küche 25
Kerzen 69, 105, 137, 145
Schwimmkerzen 111
Kerzenhalter 76, 118, 140
Kichererbsen 121
Kinder **104–109**,
134, 142
Kindergeburtstag **124–125**
Kirschen 97, 146
Kochen 18
Kochen und die
Richtungen 24
Kohl 44, 47, 53
Kokosflocken 46, 91, 97
Kokosteig 97
Konservierte Lebensmittel
8, 26
Korbmöbel 105
Kräuter 146, 148
Kreativität **86–91**
Kronleuchter aus Kristall
111, 140
Küche **22-24**
Küchenausstattung 25
Kupfer 25
Kürbis 32, 51

L

Lage
der Küche 23
von Restaurants 144
Lageplan 21
Land 126
Landgasthaus 141, 147
Landschaft 126
Lauch 85
Leidenschaft **98–103**
Limabohnen 108
Linsen 114

M

Makrobiotisch-Vegetarisches
Restaurant 147
Malz 14
Mango 45, 73
Marinade 34, 149
Maronen 59, 146
Materialien 14
und die fünf Elemente 19
und Restaurants 145
und Yin und Yang 15
von Küchenutensilien 25
Meer 126
Meeresfrüchte 8, 13, 30, 36,
74, 75, 135, 137
Austern 74, 78
Kalmar 36
Krabben 38
Muscheln 30, 90
Riesengarnelen 77,
114, 133
Venusmuscheln 30
Meerrettich 69, 72, 153
Melone 58
Metallelement 16, 18, 33, 68,
74, 86, 105, 140
Mikrowelle 25, 26
Milch, Milchprodukte und
das Chi 9, 13, 27
Mirin 149
Mittagessen 142
Möbel und Anordnung 15,
128, 141
Mobiles 107, 132
Musik 141, 143
in Restaurants 142
Muskateller 58

N

Natur 130, 144
Nori 41, 86, 89, 90, 149
Nudeln s. Pasta
Nüsse und Samen 13

O

Obst 13, 27
gekocht 59
getrocknet 146
Öle
und die Feng-Shui-
Lehre 27
und Salatsaucen 153
Orangen 30, 37, 58

P

Pak Choi 32, 42
Paprika 52
Paranüsse 63
Park 126
Passionsfrucht 60, 131
Pasta 13, 48, 49, 111, 113
Pfannkuchen 61, 99, 103
Pfirsiche 63
Pflanzen
Ficus 81
in der Küche 23
Weihnachtsbaum 136
Picknick **126–127**
Pilze 40, 48, 49, 78, 85,
113, 131
Pochieren 18
Portwein 44, 68

R

Rattanmöbel 94, 105
Reis 13, 50, 51
Restaurants **140–145**
und die Speisekarte
146–147
Rettich 40, 52
Richtungen, die acht **20–21**
und Kochen 24

und die Küche 22–23
und Sitzordnung 67
und das Zuhause 21
Romantik **74–79**
Rosinen 53, 85
Rüben 55, 80, 85

S

Säfte 14
Sake 14, 36, 99
Salate 34, 35, 36, 56
Salz 13, 14, 70, 128
Sambuca 99, 103
Schokolade 73, 79
Shoyu 14
Sieben-Gewürze-Pulver 56, 149
Silvesterparty **132–133**
Sitzordnung 67
Skizze für die acht Richtungen 21
Sonne, Sonnenwärme 23, 126, 142
Sonnenaufgang 87
Soufflé 60
Spargel 35, 131,146
Spiegel 81, 132
Spiele 126
Spinat 43
Spüle 24
Stadt 144
Strand 126
Suppe 18, 32, 33, 80, 84, 146
Sushi 41, 86, 89, 90, 133

T

Tageszeit 20, 140
Tahin 54
Tamarillos 91
Terrasse 142, 144
Thai-Fischsauce 115, 149
Thailändisches Restaurant 146
Tischdekoration 66, 76
Tofu 13, 49
Tomaten 121, 146
Tropenfrüchte 60

U

Uhren 69, 132
Umwelt 26
Umzug 128

V

Vanille 59, 96, 148
Verdauungsstörungen 81
Venusmuscheln 30
Verhaltensregeln für festliche Anlässe 68
Versöhnung **116–121**
Vertikal
fließendes Chi 126
Vollmond 132

W

Wantan-Röllchen 40, 133
Wasabi-Paste 41, 86, 89, 90, 149
Wasserelement 16, 18, 34, 80, 86
Wasserfall 82
Weihnachten **136–137**
Wein 14
Weinbrand 63, 111
Wetter 126, 144
Wiese 134
Wild 47
Wildfleischbrühe 150
Windspiel 107, 132
Wodka 37, 131
Wurzelgemüse 8, 13, 33, 55, 146

Y

Yang-Nahrungsmittel 12–13
Yin und Yang **10–15**
Fähigkeiten 11
Farben 14
Garmethode 14
Nahrungsmittel 13
Gefühle 11–12
Gesundheit 12
Persönlichkeit 10
Verhalten 11
Yin-Nahrungsmittel 13

Z

Zucchini 42
Zucker 13
Zusatzstoffe 146
Zutaten **26–27**

Verzeichnis der Rezepte

Amerikanische Pfannkuchen mit Ahornsirup 61
Aprikosensorbet 62
Auberginen-Knoblauch-Dip 121

Blitzschnelles Passionsfrucht-Soufflé 60
Brioche 154
Brunnenkressepaste 151
Bruschetta 121

Couscous mit Brunnenkresse und Joghurtdressing 56
Crêpes Suzette in Sambuca 103

Einfache Tomatensuppe 108
Eiscreme aus grünem Tee mit Schokoladensauce 79
Englisches Vollkornbrot 154

Falafel 120
Feurige Salsa 151
Fischbrühe 150
Frittierte Riesengarnelen in Linguine mit grüner Chilisauce 114
Frittiertes indisches Brot 155

Gebackene Bananen mit Ahornsirup und Orangensaft 109
Gebackene Tamarillos mit Kokos- und Zitronengraseis 91
Gedämpfte Seezunge und Lachsmousse mit Merrettichcreme 72
Gedämpfter Kabeljau mit Pak Choi und Kürbiscoulis 42
Gefüllte Pfirsiche mit Champagnercreme 63
Gegrillte Entenbrust mit Mango-Bohnensauce 45
Gemüse im Backteig mit Shoyu-Dip 52
Gemüseauflauf mit Pilzen und Spinat 85
Geschmorter Kabeljau mit Gerste und Vanille 96
Geschmorter Reis in Rotwein mit Kürbis 51
Geschmortes Wurzelgemüse mit frischem Thymian 55
Griechisches Pitabrot 155
Grüne Lasagne mit Wildpilzen und Pimentöl 48

Himbeeren mit Honig und Rosinen in Cointreau 85
Hühner- oder Wildbrühe 150
Hummercreme 151
Hummus 121

Junge Erbsen „à la française" 54

Kalmar-Salat 36
Kirschkuchen mit Kokosteig 97
Klare Gemüsebrühe 150
Knoblauchöl 153
Knusprige Fisch-Spießchen mit Tempeh und grünen Bohnen 102
Knuspriges Bauernweißbrot 154
Koriander- oder Basilikumöl 153
Krabben in Grün 38
Kroketten aus Limabohnen 108
Kürbissuppe mit Sellerie und Pak Choi 32

Lachs in Wodka, Blutorangen- und Limettensaft 37
Linsenküchlein mit Kreuzkümmel 114

Marinierte Thunfisch-Sushi 89
Marokkanisches Huhn im Kokosmantel 46
Meerrettichöl 153
Misobrühe 150
Muschel-Sushi mit gerösteten Sesamsamen 90

Ofengetrocknete Tomaten und Tomatenpaste 152
Orangen- und Tomatencoulis 152
Orangen-Muschelsuppe mit Koriander 30
Orientalische Nabe-Suppe mit Reisnudeln 78

Pikantes Gemüse aus dem Wok 115
Pochierter Wildlachs in Miesmuschelsauce mit Safran 43
Pochiertes Täubchen auf Apfelkohl mit Portweinsauce 44

Reh mit Kartoffeltürmchen 47
Riesengarnelen im Backteig mit scharfem Dip 77
Risottoküchlein mit Ziegenkäse und feuriger Salsa 50
Rotes Pimentöl 153

Safranbirnen in Ahornsirup mit Maronenhäubchen 59
Salat mit gegrilltem Spargel und Oliventapenade 35
Sardinen vom Grill mit griechischem Salat 120
Säuerlicher Gemüsesalat mit jungem roten Mangold und Meerrettichöl 34
Schokoladentäschchen mit Ananasfüllung, Pistazien-Parfait und Mangocoulis 73
Selleriecremesuppe mit Muskat und Zimt 84
Sommerliche Kaltschale mit Muskateller und Basilikum 58
Suppe mit geröstetem Wurzelgemüse und Korianderöl 33
Suppe mit Schellfisch und Brunnenkresse 31
Sushi-Häppchen mit Räucherlachs 41
Süß-saures Schmorgemüse mit Rosinen und Zimt 53

Tabbuleh 119
Tapenade 121
Thunfisch im Backteig mit Mirin-Dressing 71
Thunfischfrikadellen 39
Tofu im Backteig mit deftigem Gemüse-Nudel-Eintopf 49

Vanillesauce nach Großmutters Art 152

Wantan-Röllchen mit pikantem Gemüse 40
Wildpilze in Pastaschalen mit roter Zwiebelsauce 113
Würzige Zwiebelbällchen 113
Würziges Cassoulet mit roten Bohnen und Gerste 57

Zitronenöl 153
Zuckersirup 152

Danksagung

Carroll & Brown dankt Salima Hirani, Laura Price und allen, die Utensilien und Geräte zur Verfügung gestellt haben, besonders The Conran Shop und Sarah Lowman.

Bildbeschaffung Richard Soar
IT-Management Elisa Merino, Paul Stradling
Produktion Wendy Lawson, Clair Reynolds, David Meads

Bildnachweis
8 David Murray; 9 oben Tony Stone Images, 9 unten Telegraph Colour Library; 11 links The Image Bank, 11 rechts The Stock Market; 14 Telegraph Colour Library; 15 Elizabeth Whiting Associates; 19 Elizabeth Whiting Associates; 22 Telegraph Colour Library; 23 Telegraph Colour Library; 24 Tony Stone Images; 26 The Image Bank; 83 oben, rechts unten Carroll & Brown; 83 links unten Ocean Home Shopping; 87 oben Elizabeth Whiting Associates; 88 IKEA; 93 links unten Telegraph Colour Library; 95 links unten Carroll & Brown; 104/5 Pictor International; 112/113 IKEA; 113 oben Elgin & Hall; 119 oben IKEA; links unten Telegraph Colour Library; 127 links oben Pictor International; 128 The Image Bank; 130 rechts Telegraph Colour Library; 132 The Image Bank; 135 rechts Telegraph Colour Library; 137 The Image Bank; 140 Tony Stone Images; 141 Chris Gascoigne, VIEW; 144 Tony Stone Images; 145 Mitte Telegraph Colour Library.

Die Autoren

Simon Brown war Designer, bevor er 1981 sein Interesse an asiatischer Heilkunde entdeckte und einen Abschluss als Shiatsu-Therapeut und Berater für Makrobiotik erwarb. Gleichzeitig ging er bei japanischen Feng-Shui-Meistern in den USA in die Lehre. Brown war sieben Jahre lang Direktor der Community Health Foundation in London, einer Einrichtung, die eine große Anzahl Kurse über asiatische Heilkunst anbietet, beschloss jedoch 1993, diese Karriere aufzugeben, um sich als Feng-Shui-Therapeut selbständig zu machen. Zu seinen Klienten gehören auch Prominente wie Boy George und große Gesellschaften wie The Body Shop und British Airways.

Simon ist der Autor des britischen Bestsellers *Practical Feng Shui* (Ward Lock) sowie von *The Principles of Feng Shui* (Thorsons), *Practical Feng Shui for Business* (Ward Lock) und *Practical Feng Shui Astrology* (Ward Lock). Er ist Verfasser zahlreicher Artikel in Magazinen wie *Feng Shui for Modern Living, Cosmopolitan und Vogue* und hat eine eigene Kolumne im *Saturday Express*. Er war auch schon in verschiedenen Radio- und Fernsehsendungen zu Gast.

Anfragen an Simon Brown: per Internet unter
HTTP://ourworld.compuserve.com/homepages/simonbrown_fengshui
per Telefon oder Fax: 0044 (0) 207 431 9897
per E-Mail: 106025.3515@compuserve.com

Steven Saunders ist ein wahres Energiebündel und ein talentierter Chefkoch. Seine Ausbildung absolvierte er im Savoy Hotel in London. Sein erstes Restaurant, The Pink Geranium, gründete er 1987 zusammen mit seiner Frau Sally. 1991 wurde er in Großbritannien zum Gastronom des Jahres gekürt, 1985 erhielt The Pink Geranium die Auszeichung „Restaurant des Jahres". 1997 erwarben Steven und Sally Saunders ein zweites Lokal, Sheene Mille, das inzwischen in Großbritannien einen Ruf als modernstes „Hotel & Brasserie" außerhalb Londons genießt.

Für die BBC startete Saunders 1995 die Kochshow *Ready, Steady, Cook*. Seine Sendung war 1998 die „Kochshow des Jahres". Saunders ist mittlerweile in Großbritannien und anderen Ländern als erfolgreicher und beliebter Fernsehkoch bekannt.

Saunders leitet außerdem eine Kochschule, eine Beratungsgesellschaft für den Gastronomiebereich sowie ein renommiertes Partyservice-Unternehmen. Zu seinen Büchern zählen *Only the Best* (Little Brown), *Chef´s Secrets* (Boxtree), *Here´s One I made Earlier* (Channel 4 TV Books) und *Short Cuts* (Macmillan).

Anfragen an Steven Saunders:
per Internet unter www.stevensaunders.co.uk
per Telefon in Sheene Mill: 0044 (0) 1763 261393